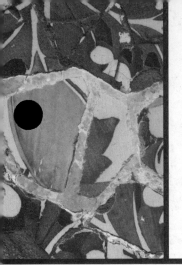

Cuaderno para hispanohablantes

1

VISTA
HIGHER LEARNING

Boston, Massachusetts

Photo Credits

ISBN-13: 978-1-61857-174-8

6 7 8 9 BB 20 19 18 17 16

Table of Contents

Lección 1   1

Lección 2   17

Lección 3   33

Lección 4   49

Lección 5   65

Lección 6   81

Lección 7   99

Lección 8   115

Lección 9   131

contextos

Lección 1

1 **Saludos**

A. Completa cada oración con la palabra que corresponda.

1. Les _____ a Roberto.

2. El _____ es mío.

3. ¿ _____ te llamas tú?

4. _____ días.

5. ¿ _____ tal?

6. _____ pronto.

B. Ahora, reemplaza las oraciones por otras similares.

1. _____

2. _____

3. _____

4. _____

5. _____

6. _____

2 **Escribir** Observa la imagen y escribe un diálogo de saludo, presentación y despedida.

_____

_____

_____

_____

_____

_____

_____

_____

_____

_____

_____

_____

_____

3

Otras expresiones ¿Conoces otros saludos y despedidas que sean diferentes a las que se presentan en la sección de **Contextos** de tu libro? ¿Cuáles son y a qué expresiones equivalen?

> **modelo**
>
> ¿Qué onda? es igual a ¿Qué tal?
> Chévere es igual a Bien.

1. _____
2. _____
3. _____
4. _____

4

Tú y usted Observa la imagen y elige a una persona adulta y a una joven. Escribe un diálogo de saludo entre ellos y tú. Usa **tú** o **usted** según corresponda.

_____
_____
_____
_____
_____
_____
_____
_____

5

Conversaciones Las seis personas de la imagen pertenecen a países hispanos diferentes. Imagina nombres y nacionalidades para ellos. Escribe un diálogo en que se presentan y se dicen de dónde son.

_____
_____
_____
_____
_____
_____
_____
_____

pronunciación y ortografía

El alfabeto español

El alfabeto español tiene 29 letras. En él hay una letra que no está en el alfabeto inglés, la **ñ (eñe).** Dos de las letras no son letras sino dígrafos: dos letras que juntas producen un solo sonido.

Letra	Nombre(s)	Ejemplos	Letra	Nombre(s)	Ejemplos
a	a	adiós	o	o	once
b	be	bien, problema	p	pe	profesor
c	ce	cosa, cero	q	cu	qué
d	de	diario, nada	r	ere	regular, señora
e	e	estudiante	s	ese	señor
f	efe	foto	t	te	tú
g	ge	gracias, Gerardo, regular	u	u	usted
h	hache	hola	v	ve	vista, nuevo
i	i	igualmente	w	doble ve	walkman
j	jota	Javier	x	equis	existir, México
k	ka, ca	kilómetro	y	i griega, ye	yo
l	ele	lápiz	z	zeta, ceta	zona
m	eme	mapa			
n	ene	nacionalidad			
ñ	eñe	mañana			

Dígrafo	Ejemplo	Dígrafo	Ejemplo
ch	chico	ll	llave

En el alfabeto español hay algunas letras que tienen diferentes formas de pronunciarse según el lugar que ocupan en la palabra.

La letra **c** puede sonar como la **s** cuando se escribe antes de **e** o **i**, y suena como la **k** cuando se escribe antes de alguna consonante o de las vocales **a, o, u.**

cena   **ci**nta   **cr**ema   **ca**pa   **co**lonia   a**cu**dir

La letra **g** suena como en **gato** en combinaciones con otras consonantes y en **ga, gue, gui, go** y **gu.** Y en las combinaciones **ge** y **gi** suena como en **jota.**

gracias   pe**ga**mento   **gue**rra   **Gui**llermo   al**go**dón   se**gu**ridad

gente   **gé**nero   ima**gi**na   **ge**nial   **gi**rasol   **gi**gante

El español no tiene ciertas letras dobles que en inglés son comunes, como **ss, mm** y **nn.** Algunos cognados te permitirán observar mejor esta diferencia.

clase *class*   **común** *common*   **discusión** *discussion*   **milenio** *millennium*

Práctica

1 **Pronunciación** Lee cada palabra en voz alta. Escribe **gato** o **jota** debajo de cada **g** y escribe **s** o **k** debajo de cada **c** de acuerdo con la forma en que se pronuncian.

1. **g**eneral __   3. a**g**radar __   5. pe**c**era __   7. á**c**ido __   9. **c**éntri**c**o __ __

2. a**g**osto __   4. Re**g**ina __   6. a**c**omodar __   8. **c**abeza __   10. **g**eografía __ __

2 **Sonidos** Primero, lee esta oración en voz alta. Después, encierra en un círculo las combinaciones de letras con **c** que producen el sonido **s**, y subraya las combinaciones con **c** que producen el sonido **k**.

Ayer compré cinco cosas muy curiosas para mi amiga Eugenia Gómez: crema para la cara, una cinta para el cabello, un cuadro para la cocina y cuatro cebollas para la cena.

cultura

Saludos y besos en los países hispanos

En los países hispanos, a menudo se usa un beso en la mejilla para saludar a amigos y parientes. Es común besar a alguien al presentarse, particularmente dentro de un ámbito informal. Mientras los norteamericanos mantienen un espacio interpersonal bastante considerable al saludar, en España y Latinoamérica se tiende a disminuir este espacio y a dar uno o dos besos en la mejilla, a veces acompañados por un apretón de manos o un abrazo. En circunstancias laborales formales, donde los colegas no se conocen a nivel personal, los saludos implican un simple apretón de manos.

El saludo con un beso varía de acuerdo a la región, el género y el contexto. Con excepción de Argentina —donde los amigos y parientes varones se besan sutilmente en la mejilla—, los hombres a menudo se saludan con un abrazo o un efusivo apretón de manos. Los saludos entre hombres y mujeres, y entre mujeres, pueden diferir dependiendo del país y el contexto, pero generalmente incluyen un beso. En España, es habitual dar dos besos, comenzando primero con la mejilla derecha. En los países latinoamericanos, incluyendo México, Costa Rica, Colombia y Chile, el saludo consiste en un "roce de mejillas" en el lado derecho. Los peruanos también "rozan sus mejillas", pero los extraños simplemente se estrechan la mano. En Colombia, las mujeres que ya se conocen tienden a darse simplemente una palmadita en el antebrazo o en el hombro derecho.

1 **Comprensión** Responde a las preguntas con oraciones completas.

1. ¿Qué cultura demuestra una actitud más distante al saludar? ¿Por qué?

   _____

2. ¿Qué diferencias existen en general entre los saludos de amigos y parientes varones y los saludos de las damas?

   _____

3. ¿Para qué piensas que sirve el saludo?

   _____

4. ¿Crees que los saludos que usan los jóvenes son diferentes a los que usan sus padres? ¿Por qué?

   _____

5. ¿En qué situaciones te resultaría especialmente útil la información de este texto?

   _____

6. De todos los saludos que leíste, ¿cuál te agrada más? ¿Por qué?

   _____

estructura

1.1 Sustantivos y artículos

▶ Los sustantivos y los artículos tienen género (que puede ser masculino o femenino) y número (que puede ser singular o plural).

▶ Cuando usas un artículo junto a un sustantivo, ambos deben tener el mismo género y el mismo número.

el corredor	**los** corredores
la corredora	**las** corredoras

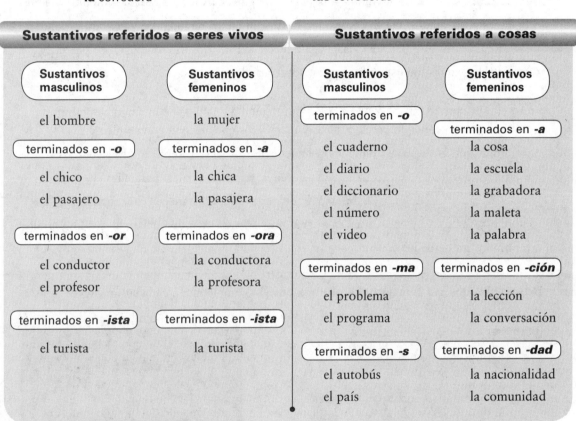

Sustantivos referidos a seres vivos		Sustantivos referidos a cosas	
Sustantivos masculinos	**Sustantivos femeninos**	**Sustantivos masculinos**	**Sustantivos femeninos**
el hombre	la mujer	terminados en **-o**	
terminados en **-o**	terminados en **-a**	el cuaderno	terminados en **-a**
el chico	la chica	el diario	la cosa
el pasajero	la pasajera	el diccionario	la escuela
terminados en **-or**	terminados en **-ora**	el número	la grabadora
el conductor	la conductora	el video	la maleta
el profesor	la profesora		la palabra
terminados en **-ista**	terminados en **-ista**	terminados en **-ma**	terminados en **-ción**
el turista	la turista	el problema	la lección
		el programa	la conversación
		terminados en **-s**	terminados en **-dad**
		el autobús	la nacionalidad
		el país	la comunidad

¡Atención!

Algunos sustantivos se escriben igual en masculino y en femenino. En estos casos, el género se indica con los artículos **el** (masculino) y **la** (femenino).

el pianista
el cantante

la pianista
la cantante

▶ Los sustantivos femeninos que en singular comienzan con la sílaba fuerte **a-** o **ha-** llevan un artículo masculino (**el** o **un**). Esto se hace para evitar la repetición del sonido **a** y sólo ocurre en singular. En plural, se usa el artículo femenino (**las** o **unas**). Los adjetivos que acompañan a estos sustantivos mantienen su forma femenina.

Singular	**Plural**
el águila calva	**las** águilas calvas
un hacha afilada	**unas** hachas afiladas
el agua cristalina	**las** aguas cristalinas
un acta resumida	**unas** actas resumidas

Práctica

1 **Completar** Completa cada espacio en blanco con la opción correcta.

En el mundo hay una gran variedad de pájaros. Una de (1) _____ (las, los) aves

no voladoras más grande es (2) _____ (el, la) avestruz, que habita en África y

Australia. En algunas regiones de Australia hay (3) _____ (unas, unos)

avestruces consideradas animales salvajes.

(4) _____ (El, La) ave voladora más grande y en peligro de extinción es

(5) _____ (el, la) águila americana, o águila calva, considerada símbolo nacional

de los Estados Unidos. Puede llegar a medir casi un metro de longitud y cuando extiende

(6) _____ (las, los) alas, llega a medir más de dos metros. Viven en parejas y

permanecen juntas toda su vida. Anidan sobre árboles o riscos.

(7) _____ (Las, Los) águilas son aves rapaces, calman (8) _____

(el, la) hambre comiendo peces, pájaros y mamíferos que atrapan con su pico y sus

poderosas garras. Algunos alimentos complementarios son los reptiles, invertebrados

y carroña, por lo que (9) _____ (el, la) agua no es vital para ellas. Tienen

(10) _____ (el, la) habilidad de divisar grandes distancias. Con su vista aguda

cubren (11) _____ (un, una) área muy extensa cuando vuelan, lo que les permite

ver a su presa desde lejos.

2 **Describir** Observa la imagen. Escribe una oración completa con cada sustantivo de la lista.
No olvides anteponer un artículo.

> **modelo**
>
> Los niños pescan en el lago.

pescadores	peces	agua
aire	niños	orilla

_____

_____

_____

_____

_____

_____

_____

_____

1.2   Los números del 0 al 30

Los números del 0 al 30					
0	cero				
1	uno	11	once	21	veintiuno
2	dos	12	doce	22	veintidós
3	tres	13	trece	23	veintitrés
4	cuatro	14	catorce	24	veinticuatro
5	cinco	15	quince	25	veinticinco
6	seis	16	dieciséis	26	veintiséis
7	siete	17	diecisiete	27	veintisiete
8	ocho	18	dieciocho	28	veintiocho
9	nueve	19	diecinueve	29	veintinueve
10	diez	20	veinte	30	treinta

▶ El número **uno**, ante sustantivos masculinos, se convierte en **un**. Los números que terminan en **uno**, como **veintiuno**, cambian el **uno** por **ún**, con tilde. Ante sustantivos femeninos, uno se convierte en **una**.

un diccionario   **veintiún** diccionarios

una palabra   **veintiuna** palabras

▶ Generalmente, en español los números del 0 al 30 se escriben con una sola palabra. En el caso de 16, 17, 18 y 19, que usan la palabra **diez**, la **z** se cambia por **c**.

die**c**iséis   die**c**iocho

die**c**isiete   die**c**inueve

¡Atención!

Nunca olvides escribir con tilde los números **dieciséis**, **veintidós**, **veintitrés** y **veintiséis**.

▶ Cuando resuelves problemas de suma y resta en matemáticas, te encuentras con los símbolos +, −, =. Lee el símbolo + como **más**. Lee el símbolo − como **menos**. El símbolo = se lee **es** si el resultado es **cero** o **uno**; y se lee **son** si el resultado es **dos** o más. Si estás resolviendo problemas de multiplicación, lee el signo × como **por** y para divisiones lee el signo ÷ como **entre**.

$$9 + 8 = \qquad 9 - 8 = \qquad 9 \times 3 = \qquad 9 \div 3 =$$

Nueve más ocho son diecisiete. Y nueve menos ocho es uno.

Nueve por tres son veintisiete. Y nueve entre tres son tres.

Lección 1

Práctica

1 **Resolver** Soluciona los siguientes problemas. Escribe el problema y el resultado en palabras.

> **modelo**
>
> 4 + 6 = *Cuatro más seis son diez.*

1. 12 + 5 = _____

2. 30 – 14 = _____

3. 3 × 3 = _____

4. 16 – 15 = _____

5. 18 ÷ 6 = _____

6. 7 × 0 = _____

7. 30 – 9 = _____

8. 11 × 2 = _____

9. 19 + 7 = _____

10. 20 ÷ 2 = _____

2 **¿Cuántos?** Responde a las preguntas con oraciones completas. Escribe los números con palabras.

1. ¿Cuántos años tienes? _____

_____

2. ¿Cuántas personas hay en tu familia? _____

_____

3. ¿Cuántos varones hay en la clase? _____

_____

4. ¿Cuántas mujeres hay en la clase? _____

_____

5. ¿Cuántas ventanas tiene la clase? _____

_____

3 **Están en...** Observa la imagen y describe el lugar, di cuántas personas hay, cuántas personas faltan y aproximadamente cuántas puede haber en total.

_____

_____

_____

_____

_____

_____

8   **Lección 1** Cuaderno para hispanohablantes

1.3 El presente de **ser**

El verbo **ser** se puede utilizar con diversos fines.

▶ Para identificar a personas, animales y cosas.

—¿Quién **es** él?   —¿Qué **es** ese animal?   —¿Qué **es** eso?
—**Es** Javier Lozano.   —**Es** un perro.   —**Es** un silbato.

▶ Para expresar la procedencia, usando la preposición **de**.

—¿**De** dónde **es** Álex?   —¿**De** dónde **es** Maite?
—**Es de** México.   —**Es de** España.

▶ En español, los verbos se pueden presentar en tres tiempos distintos: el **pasado**, que indica que la acción ya se realizó; el **presente**, que dice que la acción se está realizando; y el **futuro**, que da a conocer que la acción se realizará. La siguiente tabla muestra el modelo del verbo **ser** en el tiempo presente.

El verbo **ser** (*to be*)		
FORMAS SINGULARES	yo	**soy**	*I am*
	tú	**eres**	*you are* (fam.)
	Ud./él/ella	**es**	*you are* (form.); *he / she is*
FORMAS PLURALES	nosotros/as	**somos**	*we are*
	vosotros/as	**sois**	*you are* (fam.)
	Uds./ellos/ellas	**son**	*you are* (form.); *they are*

▶ **¡Atención!** No debes confundir el pronombre **tú** con el posesivo **tu**. El pronombre va con tilde; el posesivo no lleva tilde.

▶ El español tiene dos pronombres personales para la segunda persona singular. Se usa **tú** cuando se trata de una situación informal. En cambio, se usa **usted (Ud.)** para dirigirse a personas con las que no se tiene un trato formal o se tiene una relación más distante.

tú	**usted**
amigos/as	superiores en el trabajo
familiares	profesores/as
niños/as	personas mayores

Tú eres mi mejor amiga.   **Usted**, profesor, es una excelente persona.

▶ En España, los pronombres personales **vosotros** y **vosotras** se usan siempre. Sin embargo, en el resto de los países hispanohablantes se usan con muy poca frecuencia, prefiriéndose el empleo de ustedes.

Vosotros sois mis mejores amigos.   **Ustedes** son mis mejores amigos.

▶ En algunos países de América Latina, se usa el pronombre **vos** en vez de **tú**. En este caso, también se cambia el verbo **ser**, adoptando la forma **sos**.

—¿**Quién** sos vos?   —**Soy** Javier Lozano.

Lección 1

Práctica

1   **Completar** Completa las frases de una manera lógica. Usa las formas correctas del verbo **ser**.

1. Mi mejor amigo/a _____ .

2. Mis padres _____ .

3. Yo _____ .

4. Shakira _____ .

5. Mis amigos/as y yo _____ .

6. Jennifer López y Marc Anthony _____ .

2   **¿Cómo son?** Imagina que alguien quiere conocer a dos amigos/as tuyos/as que vienen de otro país. Escribe una descripción de sus características más importantes. Usa diferentes formas del verbo **ser**.

> **modelo**
>
> Eugenio es de Bolivia y es muy alegre. Mariela es de Costa Rica y es simpática.

_____

_____

_____

_____

_____

_____

3   **¿Tú o usted?** Menciona cinco personas a quienes tratarías de **tú** y otras cinco a las que tratarías de **usted**. Di en cada caso por qué, utilizando las formas del verbo **ser**.

_____

_____

_____

_____

_____

_____

_____

_____

_____

_____

_____

_____

_____

1.4 Decir la hora

En español se usa el verbo **ser** y los números para decir la hora.

▶ Para preguntar la hora se usa la expresión **¿Qué hora es?** Para decir la hora, se usa **es la** para la **una** y **son las** para las otras horas.

▶ Para decir que han pasado quince minutos después de la hora, se usa **y cuarto** o **y quince**. Para decir que han pasado treinta minutos después de la hora, se usa **y media** o **y treinta**.

Es la una **y cuarto.**

Son las doce **y media.**

▶ Para decir que ha pasado más de media hora, se restan los minutos que faltan para la próxima hora.

Son las tres **menos diez.**

Es la una **menos cuarto.**

▶ Para preguntar cuándo va a suceder algo, se usa la frase **¿A qué hora (...)?** Para decir cuándo va a suceder algo, se usa la construcción **a la(s)** + [*hora*].

   —¿**A qué hora** comienza la película?   —La película comienza **a las ocho y cuarto.**

   —¿**A qué hora** es el concierto?   —El concierto es **a las diez en punto.**

▶ Aquí tienes otras expresiones que se relacionan con decir la hora.

   Son las nueve **de la mañana.**   Son las siete **de la tarde.**
   (9:00 a.m.)   (7:00 p.m.)

   Llegaremos a Los Ángeles **de madrugada.**   Terminó su trabajo **al atardecer.**
   (entre la medianoche y la salida del sol)   (cuando el sol se empieza a esconder)

   Nos levantamos **al amanecer.**   Volvimos a casa **al anochecer.**
   (a la hora en que sale el sol)   (al comenzar la noche)

▶ En algunos países hispanos se usa el horario de 24 horas, es decir, se da la hora desde las 00:00 hasta las 23:59. De las 00:00 a las 11:59 corresponde a las horas a.m. y de las 12:00 a las 23:59 corresponde a las horas p.m. Cuando se da la hora con este horario, no se usa a.m. ni p.m.

   8:15 p.m. = 20:15   11:40 p.m. = 23:40

   Lección 1 Cuaderno para hispanohablantes

Práctica

1 **¿Cómo lo dirías?** Escribe una frase que se relacione con cada hora dada entre paréntesis.

1. Antonio se levanta _____ . (a las seis a.m.)

2. El médico termina su turno _____ . (a las dos a.m.)

3. La cena termina _____ . (a las nueve p.m.)

4. Catalina sale de la oficina _____ . (a las diecinueve horas)

2 **Describir** Observa las imágenes y las horas. Escribe una oración para describir lo que pasa en cada una. Indica las horas en palabras. Sigue el modelo.

> **modelo**
> 9:00 p.m.
> Amaya baila en una fiesta a las nueve de la noche.

8:30 a.m.

1. _____

_____

10:20 a.m.

2. _____

_____

3:45 p.m.

3. _____

_____

7:50 p.m.

4. _____

_____

3 **Cuaderno de bitácora** Imagina un sábado cualquiera de tu vida. Escribe una hoja de bitácora contando diez sucesos que te ocurren ese día. Indica las horas en palabras.

> **modelo**
> Me levanto a las nueves y media de la mañana...

_____

_____

_____

_____

_____

12 **Lección 1** Cuaderno para hispanohablantes

adelante

Lectura

Antes de leer

La palabra inglesa *circus* y la palabra española **circo** son cognados porque tienen una forma muy parecida y significan lo mismo. Escribe una lista de palabras que conozcas que puedan ser cognados. Pero ten cuidado con los falsos cognados. Por ejemplo, *parents* significa **padres**, no **parientes**. Y **éxito** significa *success*, no *exit*.

Español	Inglés

El circo chino

El espectacular circo chino ha llegado a la ciudad. Diego Soto invita a su esposa al teatro para ver la función. Por la mañana llama a Lisa para que cuide a su hija mientras están fuera. Le costó tomar la decisión de asistir, porque además le dolía una muela y debía ir ese día al dentista. Sin embargo, pensaba que no iba a tener otra oportunidad como ésa para satisfacer su gusto por la sociología y aprender más de la cultura oriental. Así que pensó que sería una inteligente decisión pasar primero por el dentista. Antes de salir, le dejaron a Lisa una lista de teléfonos, el biberón y los juguetes favoritos de su hija sobre la mesa.

Al llegar al teatro, la gente que deseaba entrar era tanta, que el administrador tuvo que telefonear a la policía para poner un poco de orden en el lugar. En la puerta de entrada, se toparon con el doctor Valdés, el médico de la familia. El doctor Valdés contestaba algunas preguntas para un canal de televisión que cubría la función. Se saludaron cariñosamente y se sentaron juntos para ver la importante muestra artística.

Ésta es la lista que Diego Soto y su esposa le dejan a Lisa.

Teléfonos importantes
Policía - 23.75.44
Pizzería - 23.46.12
Restaurante chino - 24.66.04
Dr. Valdés - 23.58.41
Dentista - 23.13.26
Teatro - 24.11.11
Rodrigo Soto - 24.86.54
Pediatra - 24.17.11

Después de leer

1 **Comprensión** Responde a las preguntas con oraciones completas.

1. ¿En qué circunstancias puede Lisa llamar al veinticuatro, diecisiete, once? _____

_____

2. ¿A qué número puede llamar Lisa si escucha ruidos extraños en el jardín? _____

3. ¿A qué tipo de restaurante crees que van a ir los Soto después de la función? _____

4. Si poco después de salir los Soto, Lisa nota que el Sr. Soto dejó olvidados sus

documentos, ¿a qué número puede llamarlo? ¿Cómo lo sabes? _____

_____

5. Si ya es de madrugada y los Soto aún no regresan a su hogar, ¿a quién puede recurrir

Lisa en busca de ayuda? ¿Por qué? _____

_____

2 **Interpretación** Contesta las preguntas con oraciones completas.

1. ¿Por qué piensas que le dejan a Lisa el número de la pizzería? _____

_____

_____

2. ¿Quién puede ser Rodrigo Soto? _____

_____

_____

3. ¿Le resultará útil a Lisa el teléfono del doctor Valdés? ¿Por qué? _____

_____

4. Si tú tienes que cuidar a un bebé, ¿qué diez números de teléfono crees que debes tener?

_____

_____

5. ¿Cuáles crees que son los principales problemas que enfrenta un(a) joven que cuida a un

bebé de meses? _____

_____

_____

6. ¿Qué tipo de preparación debe tener una persona para poder cuidar bien a un bebé?

_____

_____

Escritura

Estrategia

Writing in Spanish

Why do we write? All writing has a purpose. For example, we may write a poem to reveal our innermost feelings, a letter to impart information, or an essay to persuade others to accept a point of view. Proficient writers are not born, however. Writing requires time, thought, effort, and a lot of practice. Here are some tips to help you write more effectively in Spanish.

Do...

▶ try to write your ideas in Spanish.

▶ use the grammar and vocabulary that you know.

▶ use your textbook for examples of style, format, and expressions in Spanish.

▶ use your imagination and creativity.

▶ put yourself in your reader's place to determine if your writing is interesting.

Avoid...

▶ translating your ideas from English to Spanish.

▶ simply repeating what is in the textbook or on a web page.

▶ using a dictionary until you have learned how to use foreign language dictionaries.

TEMA: Hacer una lista

Antes de escribir

1 Vas a crear una lista que pueda ser útil en tu estudio del español. La lista debe incluir:

▶ nombres, números de teléfono y direcciones electrónicas de cinco compañeros/as de clase

▶ el nombre de tu profesor(a), su dirección electrónica y su número de teléfono

▶ tres números de teléfono y tres direcciones electrónicas relacionadas con tu estudio del español

▶ cinco recursos electrónicos para estudiantes de español

2 Escribe los nombres de los/las compañeros/as de clase que quieres incluir en tu lista.

3 Entrevista a tus compañeros y a tu profesor(a) para averiguar la información que debes incluir. Usa las siguientes preguntas y escribe sus respuestas.

Informal ¿Cómo te llamas?, ¿Cuál es tu número de teléfono?, ¿Cuál es tu dirección electrónica?

Formal ¿Cómo se llama?, ¿Cuál es su número de teléfono?, ¿Cuál es su dirección electrónica?

4 Piensa en tres lugares de tu comunidad que podrían ayudarte en tu estudio del español. Podría ser una biblioteca, una librería de textos en español, una estación de televisión en español, una estación de radio en español, un centro comunitario hispano u otro tipo de organización hispana. Averigua sus direcciones electrónicas y sus números de teléfono y escríbelos.

Lección 1 Cuaderno para hispanohablantes

Lección 1

5 Busca cinco sitios web en Internet que se dediquen al estudio del español como segunda lengua o que ofrezcan *keypals* (amigos por Internet) de países de habla hispana. Escribe sus URL.

Escribir

Escribe tu lista completa y asegúrate de que incluye toda la información relevante. Debe incluir al menos cinco personas (con sus números de teléfono y sus direcciones electrónicas), tres lugares (con sus números de teléfono y sus direcciones electrónicas) y cinco sitios web (con sus URL). Evita el uso del diccionario y sólo escribe lo que puedas escribir en español.

Después de escribir

1 Intercambia tu lista con la de un(a) compañero/a de clase. Coméntala y contesta estas preguntas.

▶ ¿Incluyó tu compañero/a el número correcto de personas, lugares y sitios web?

▶ ¿Incluyó tu compañero/a la información pertinente de cada persona, lugar o sitio web?

2 Corrige el trabajo de tu compañero/a, señalando los errores de ortografía y de contenido. Observa el uso de estos símbolos de corrección.

⌐	eliminar
∧	insertar letra(s) o palabra(s) del margen
/	reemplazar la letra tachada por la que se indica al margen
~~palabra~~	reemplazar palabra tachada con la que se indica al margen
a̲	cambiar a mayúscula (colocar justo debajo de la letra)
E̸	cambiar a minúscula (colocar justo encima de la letra)
∩	transponer las letras o palabras indicadas (tr.)

Observa ahora un modelo de cómo se ve un borrador corregido:

3 Revisa tu lista de acuerdo con los comentarios y correcciones de tu compañero/a. Después de escribir la versión final, léela otra vez para eliminar errores en:

▶ la ortografía   ▶ la puntuación   ▶ el uso de letras mayúsculas y minúsculas

Nombre _____   Fecha _____

contextos

Lección 2

1 Preguntas Responde a las preguntas con oraciones completas.

> **modelo**
> ¿Qué clases te gustan más?
> *A mí me gustan más los cursos de historia y español.*

1. ¿Qué clases tomas hoy? _____
   _____

2. ¿En qué clase se estudia a Shakespeare? _____
   _____

3. ¿Qué aprendes en la clase de geografía? _____
   _____

4. ¿Qué clases tienen lugar en el laboratorio? _____
   _____

5. ¿Qué sirven hoy en la cafetería? _____
   _____

2 ¿Cómo se dice? Primero, observa las palabras y escribe otras formas que conozcas para referirte a ellas en español. Después, escribe una oración con cada palabra modelo.

1. escuela _____
   _____

2. papelera _____
   _____

3. pizarra _____
   _____

4. lápiz _____
   _____

5. pluma _____
   _____

6. tarea _____
   _____

7. escritorio _____
   _____

8. sala de clase _____
   _____

3 **El calendario** Observa el calendario y completa el diálogo entre Marta y Daniel usando palabras del vocabulario de la lección. Imagina las actividades que deben realizar en cinco fechas del calendario. El primer ejercicio es el modelo.

marzo

L	M	M	J	V	S	D
		1	2	3	4	5
6	7	8	9	10	11	12
13	14	15	16	17	18	19
20	21	22	23	24	25	26
27	28	29	30	31		

abril

L	M	M	J	V	S	D
					1	2
3	4	5	6	7	8	9
10	11	12	13	14	15	16
17	18	19	20	21	22	23
24	25	26	27	28	29	30

1. **MARTA** ¿Qué día de la semana es el 6 de marzo?

   DANIEL Es lunes. Recuerda que el primer examen es tres días después.

2. **MARTA** _____

   DANIEL _____

3. **MARTA** _____

   DANIEL _____

4. **MARTA** _____

   DANIEL _____

5. **MARTA** _____

   DANIEL _____

6. **MARTA** _____

   DANIEL _____

4 **Entrevista** Imagina que eres un(a) joven que quiere ir a una universidad para entrevistar a un(a) estudiante que estudia allí. Escribe ocho preguntas relacionadas con los cursos, el horario, las salas de clases, la residencia, el calendario, los profesores y los compañeros.

1. _____

2. _____

3. _____

4. _____

5. _____

6. _____

7. _____

8. _____

Nombre _____ Fecha _____

pronunciación y ortografía

Cómo deletrear en voz alta

Para deletrear palabras hay que decir o escribir cada letra por su nombre.

zanahoria: zeta - a - ene - a - hache - o - ere - i - a

En los sustantivos propios se deben indicar las letras que se escriben con mayúscula.

Latinoamérica: ele mayúscula - a - te - i - ene - o - a - eme - e con tilde - ere - i - ce - a

Cuando se deletrean palabras compuestas que están separadas por un guión, debe mencionarse el guión como si fuera una letra más.

franco-español: efe - ere - a - ene - ce - o - guión - e - ese - pe - a - eñe - o - ele

En las expresiones formadas por dos o más palabras, debe indicarse el final de cada palabra diciendo **espacio** después de cada una.

Los Ángeles: ele mayúscula - o - ese - espacio - a mayúscula con tilde - ene - ge - e - ele - e - ese

Cuando una persona no está segura de cómo se escribe una palabra, puede preguntar:

—**¿Burro se escribe con be grande o con ve chica?**   —**Burro se escribe con be grande.**

—**La palabra biología, ¿lleva tilde o no?**   —**Biología lleva tilde en la segunda i.**

Práctica

1 **En voz alta** Primero, escribe el nombre de lo que indica cada flecha. Después, deletrea en voz alta cada una de las palabras.

1. _____
2. _____
3. _____
4. _____

2 **¿Cómo se escribe?** Escribe cómo preguntarías para escribir correctamente las siguientes palabras. Luego deletrea en voz alta cada palabra.

> **modelo**
>
> hablar *¿Se escribe con hache o sin hache?*

1. gente _____
2. teórico-práctico _____
3. queso _____
4. América del Sur _____

3 **Deletrear** Responde en voz alta y por escrito. ¿Cómo se deletrea...

1. tu nombre? _____
2. el nombre de tu profesor(a)? _____
3. el nombre de tu escuela? _____
4. el nombre de la calle donde vives? _____

cultura

La elección de una carrera universitaria

Como en el mundo hispanohablante la educación superior recibe un subsidio estatal importante, la matrícula es casi gratuita y por esta razón las universidades tienen muchos estudiantes. En España y América Latina, los estudiantes generalmente escogen su carrera universitaria alrededor de los dieciocho años, ya sea un año antes o un año después de ingresar a la universidad. Para matricularse, todos los estudiantes deben completar su enseñanza secundaria, conocida también como bachillerato o colegio*. En países como Bolivia, México y Perú, el último año de la secundaria tiene por objetivo especializar a los estudiantes en un área de estudio, como artes o ciencias naturales. Después, ellos escogen sus carreras de acuerdo a sus áreas de especialización.

De la misma manera, los estudiantes de Argentina que quieren estudiar en la universidad siguen el sistema polimodal durante los últimos tres años de escuela secundaria. El polimodal consiste en que los estudiantes estudien varias disciplinas, como negocios, ciencias sociales o diseño. Los estudiantes argentinos eligen después su carrera con base en este proceso. Por último, en España, los estudiantes eligen su carrera de acuerdo con el puntaje que obtienen en un examen de aptitud, conocido como examen de Selectividad.

Los estudiantes graduados de la universidad reciben un título de licenciatura. En Argentina y Chile, la licenciatura se completa en un período de cuatro a seis años y se considera equivalente a una maestría. En Perú y Venezuela, estos estudios son un proceso de cinco años. En España y Colombia, las licenciaturas demoran de cuatro a cinco años, aunque en algunas carreras, como medicina, se requieren seis años o más.

Estudiantes hispanos en los EE.UU.

En el año académico 2004-05, más de 13.000 estudiantes mexicanos (2,3% de los estudiantes internacionales) realizaron estudios en universidades de los EE.UU. Los colombianos fueron el segundo grupo más grande de hispanohablantes, con más de 7.000 estudiantes.

---

*La palabra colegio es un falso cognado. En la mayoría de los países latinoamericanos significa escuela secundaria, pero en algunas regiones y también en España se refiere a la escuela primaria.

---

1 **Comprensión** Responde a las preguntas con oraciones completas.

1. ¿Qué diferencias hay entre las formas de prepararse para la universidad en Perú y Argentina? _____

_____

2. Según el texto, ¿dónde es más probable que un estudiante de pocos recursos económicos pueda estudiar en la universidad? ¿En los Estados Unidos o en algún país de América Latina?

¿Por qué? _____

_____

3. ¿Cuáles son las ventajas y/o desventajas de estudiar una carrera universitaria? _____

_____

4. Investiga en Internet cómo es el sistema de ingreso a la universidad en algún país hispano.

Descríbelo con tus propias palabras. _____

Lección 2

estructura

2.1 Presente de verbos que terminan en **-ar**

▷ Para hablar de acciones necesitas los verbos, pues ellos expresan la acción o el estado de alguien o de algo. En español, el infinitivo es el nombre del verbo y puede ser reconocido por las terminaciones **-ar**, **-er** o **-ir**. En esta lección aprenderás sobre los verbos regulares terminados en **-ar**.

-ar	**-er**	**-ir**
am**ar**	beb**er**	viv**ir**

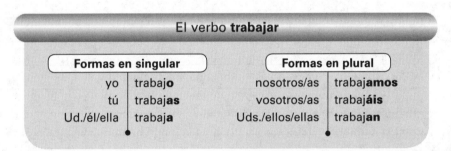

El verbo **trabajar**

Formas en singular		Formas en plural	
yo	trabaj**o**	nosotros/as	trabaj**amos**
tú	trabaj**as**	vosotros/as	trabaj**áis**
Ud./él/ella	trabaj**a**	Uds./ellos/ellas	trabaj**an**

▷ En español, el tiempo presente indica que la acción se realiza en el ahora; en cambio, el **presente progresivo** señala que la acción está en desarrollo. Este tiempo se usa muy poco en español, pero en inglés se usa muchísimo.

Presente	**Presente progresivo**
Pago el pasaje del autobús.	**Estoy pagando** el pasaje del autobús.
I am paying for the bus.	*I am paying for the bus (right now).*
Termino mi tarea.	**Estoy terminando** mi tarea.
I am finishing my homework.	*I am finishing my homework (right now).*

▷ A diferencia del inglés, en español los verbos **buscar, escuchar, esperar** y **mirar** se pueden escribir sin preposición.

Amelia busca un libro de historia.   Espero el metro.

*Amelia is looking **for** a history book.*   *I am waiting **for** the subway.*

Abel escucha una canción en español.   Ana y Jaime miran el horario.

*Abel is listening **to** a song in Spanish.*   *Ana and Jaime are looking **at** the schedule.*

El verbo *gustar*

▷ Para expresar que algo es de tu agrado o no, usa la expresión **me gusta** + [*sustantivo en singular*] o **me gustan** + [*sustantivo en plural*].

Me gusta el cine francés.   Me gustan las manzanas.

▷ Para expresar lo que te gusta hacer, usa la expresión **me gusta** + [*infinitivo(s)*].

Me gusta conversar con José Luis.   Me gusta leer y escribir.

Práctica

1 **La clase** Escribe un párrafo para describir lo que tus compañeros y tú hacen en la clase de español. Usa los verbos de la lista.

bailar	gustar
escuchar	hablar
estar	preparar
estudiar	saludar

_____

_____

_____

_____

_____

_____

_____

2 **¡Ayúdala!** Imagina que una persona te pide que la orientes para llegar a su destino. Escribe siete instrucciones utilizando el presente de verbos terminados en **-ar**.

1. _____

2. _____

3. _____

3 **Cuestión de gustos** Conversas con alguien que tiene gustos muy distintos a los tuyos. Si tú dices blanco, él/ella dice negro. Escribe un diálogo sobre los gustos de ambos en cuanto a música, películas, deportes y alimentación. Incluye también algunos gustos comunes y los gustos de una tercera persona en el diálogo.

> **modelo**
>
> Tú: A mí me gusta la música rock.
> Él: No, a mí no me gusta. A mí me gusta la música clásica. La música rock me aburre, me parece poco imaginativa. Pero a mi novia le gusta. A ella también le gusta mucho la salsa.

_____

_____

_____

_____

_____

_____

_____

_____

2.2 Formar preguntas en español

▶ Ya sabes que para formar preguntas en inglés sólo se usa un signo de interrogación.En cambio en español es necesario usar dos signos de interrogación: un signo de interrogación al comienzo de la oración (¿) y un signo de interrogación al final de la oración (?).

> ¿Trabajan mucho tus padres?
>
> ¿Vas a estudiar en Nueva York?
>
> ¿Qué carrera te gusta más?

▶ Para formular una pregunta en inglés, siempre se debe usar un pronombre personal. En español, las preguntas se pueden formular con o sin pronombres, pero generalmente se omiten cuando se sabe bien de quién se está hablando.

Con pronombres	Sin pronombres
¿**Ustedes** van a ir al cine?	¿Van a ir al cine?
¿Qué quiere hacer **ella**?	¿Qué quiere hacer?

▶ En las preguntas que comienzan con palabras interrogativas como **qué** o **cuál**, el pronombre nunca se pone entre esta palabra y el verbo. El pronombre debe ir después del verbo, al principio o al final de la pregunta.

> ¿Qué piensas **tú** sobre la clase? ¿Cómo van a llegar a casa **ustedes**?

▶ Cuando se pide a otra persona que repita lo que dijo, debe preguntarse **¿Cómo?** El preguntar **¿Qué?** puede tomarse como una falta de respeto.

▶ La expresión interrogativa **¿por qué?** la forman dos palabras y lleva tilde en la **e**. Para responder a esta pregunta se usa una sola palabra sin tilde: **porque**.

> –¿**Por qué** te gusta esta clase? –**Porque** es muy interesante.

▶ Al igual que en inglés, se puede formular una pregunta invirtiendo (cambiando) el orden de las palabras. En una oración afirmativa generalmente primero va el sujeto y después el verbo. Este orden puede cambiar y, en español, el sujeto puede ir incluso al final de la oración.

Afirmación	Pregunta
SUJETO VERBO	VERBO SUJETO
Roque estudia toda la semana.	¿**Estudia Roque** toda la semana?
SUJETO VERBO	VERBO SUJETO
Margarita está enferma.	¿**Está** enferma **Margarita**?
SUJETO VERBO	VERBO SUJETO
El examen estuvo difícil.	¿**Estuvo** difícil **el examen**?

▶ **¡Atención!** En las oraciones que llevan al final una pregunta corta como **¿no?, ¿verdad?** o **¿cierto?**, los signos de interrogación sólo van antes y después de esa pregunta corta.

> Estás cansada, **¿no?** Hoy no tienes que ir a estudiar, **¿verdad?**

Lección 2

Práctica

1 **Las preguntas** Observa las imágenes. Escribe dos preguntas diferentes para cada imagen. Trata de escribir distintos tipos de preguntas.

> **modelo**
> La profesora Salinas es buena, ¿verdad?
> ¿Qué clase enseña ella?

 1. 2.

_____   _____

 3.   4.

_____   _____

_____   _____

2 **Preguntas** Tu amigo Enrique entrevistó a un actor de cine, pero ahora no encuentra parte de la entrevista; sólo tiene las respuestas. Ayúdalo a escribir la pregunta que corresponde a cada respuesta.

> **modelo**
> ¿Qué te gusta hacer los fines de semana?
> Los fines de semana me gusta salir con amigos y pasear en bicicleta.

1. _____

Soy de Quito, Ecuador.

2. _____

Tengo veintiséis años.

3. _____

Mi comida favorita es la italiana.

4. _____

Mi última película se llama *Héroes del mañana*.

5. _____

Decidí actuar en esta película porque la historia me parece maravillosa.

3 **¿Qué estudias?** Margarita y Alberto están en la universidad. Ella estudia medicina y él literatura. ¿Qué comentarios crees que hacen sobre sus carreras? Escribe una conversación entre ellos, donde incluyas al menos seis oraciones interrogativas. Trata de usar distintos tipos de preguntas.

_____

_____

_____

_____

2.3 Presente de **estar**

A pesar de que el verbo **estar** termina en **-ar,** no sigue el mismo patrón de conjugación que los verbos regulares terminados en **-ar**. Observa la conjugación del verbo **estar** y luego completa las oraciones donde se compara este verbo con los verbos regulares terminados en **-ar**.

Presente de **caminar** y **estar**

		caminar	**estar**
FORMAS SINGULARES	yo	camin**o**	est**oy**
	tú	camin**as**	est**ás**
	Ud./él/ella	camin**a**	est**á**
FORMAS PLURALES	nosotros/as	camin**amos**	est**amos**
	vosotros/as	camin**áis**	est**áis**
	Uds./ellos/ellas	camin**an**	est**án**

▶ La forma del verbo **estar** para la primera persona del singular **yo** es irregular porque termina en _____ y no en **-o** como en los verbos regulares.

▶ Las terminaciones de los verbos regulares terminados en **-ar** son _____ para **yo**, _____ para **tú**, _____ para **Ud./él/ella**, _____ para **nosotros/as** y _____ para **Uds./ellos/ellas.**

▶ Las terminaciones de las formas **tú**, **Ud./él/ella** y **Uds./ellos/ellas** del verbo **estar** son diferentes a las de los verbos regulares porque llevan _____.

▶ El verbo **estar** se usa muchas veces con algunas preposiciones para describir la ubicación de una persona o de un objeto.

Preposiciones que se usan comúnmente con **estar**

a la derecha de	debajo de	entre
a la izquierda de	delante de	frente a
al final de	dentro de	fuera de
al lado de	detrás de	junto a
alrededor de	en	lejos de
cerca de	en la esquina de	sin
con	encima de	sobre

Los campistas **están alrededor de** la fogata.

La oficina del director **está al final** del pasillo.

Mis libros de matemáticas **están en** el coche de mi papá.

La cafetería **está junto a** la biblioteca.

Pilar y Roberto **están frente a** la estación.

Ulises **está en la esquina de** Presidentes e Independencia.

Práctica

1 **¿Dónde?** Escribe una oración para describir dónde está cada lugar en la imagen. Usa el verbo **estar** y las preposiciones que aprendiste.

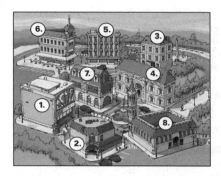

1. cine Metrópolis

2. restaurante El Fogón

3. librería Casa de Letras

4. escuela Benito Juárez

5. hotel El Mirador

6. café Bohemio

7. banco Citadino

8. hospital Santa Fe

1. El cine Metrópolis está delante del banco.

2. _____

3. _____

4. _____

5. _____

6. _____

7. _____

8. _____

2 **Cambio de cuartos** Esta noche debes dormir en el cuarto de tu hermano/a porque tu primo/a va a dormir en el tuyo. Indícale dónde están algunos objetos que puede necesitar. Usa correctamente el verbo **estar** en cada oración.

> **modelo**
>
> La linterna está en el primer cajón del armario.

1. _____

2. _____

3. _____

4. _____

3 **Los países** Describe el país de origen de tu familia. Usa estos temas como guía.

▶ ubicación
▶ clima

▶ comida
▶ recursos más importantes

▶ problemas que enfrenta actualmente

_____

_____

_____

_____

_____

Lección 2

26 **Lección 2** Cuaderno para hispanohablantes

2.4 Números del 31 en adelante

▷ La palabra **y** se usa en casi todos los números del 31 al 99. A diferencia de los números del 21 al 29, estos números se deben escribir como tres palabras distintas.

El año tiene **cincuenta y dos** semanas.   Estoy leyendo la página **ochenta y seis.**

▷ Debes tener cuidado con los falsos cognados. Las palabras en inglés *billion* y *trillion* no significan lo mismo que las palabras en español **billón** y **trillón**. En la siguiente tabla se muestran las equivalencias en inglés y español además de la cantidad que representa cada palabra.

Inglés	Español	Cantidad
billion	mil millones	1.000 millones (1 seguido de 9 ceros)
trillion	billón	1 millón de millones (1 seguido de 12 ceros)
quintillion	trillón	1 millón de billones (1 seguido de 18 ceros)

▷ Muchos números deben concordar en género con los sustantivos a que se refieren. En los números que terminan en **uno** (31, 41, etc.), **uno** se convierte en **un** delante de sustantivos masculinos y en **una** delante de sustantivos femeninos.

El edificio mide **sesenta y un** metros de altura.   El poema tiene **sesenta y una** palabras.

▷ Los números del 200 al 999 también deben concordar en género con el sustantivo al que acompañan.

563 págin**as**   451 peldañ**os**

quinient**as** sesenta y tres págin**as**   cuatrocient**os** cincuenta y **un** peldañ**os**

375 letrer**os**   981 sill**as**

trescient**os** setenta y cinco letrer**os**   novecient**as** ochenta y **una** sill**as**

▷ En español, los años se leen como un solo número, no en pares de dos dígitos como en inglés, pero los números telefónicos generalmente se leen en pares de dos dígitos en los países de habla hispana.

Año	Número de teléfono
1492 mil cuatrocientos noventa y dos	5 - 28 - 03 cinco, veintiocho, cero tres
1994 mil novecientos noventa y cuatro	25 - 19 - 16 veinticinco, diecinueve, dieciséis

Práctica

1 **Resolver** Escribe cada problema matemático completo y su resultado con palabras.

1. 61 + 13 = _____
2. 96 − 54 = _____
3. 12 × 8 = _____
4. 99 ÷ 3 = _____
5. 3 × 27 = _____
6. 88 − 31 = _____
7. 39 + 26 = _____
8. 100 ÷ 4 = _____

> + más
> − menos
> × por
> ÷ entre

2 **Grandes cantidades** Escribe las palabras **cientos, mil millones, billón** o **trillón** según corresponda.

1. La población de la India es de 1.045.845.226 habitantes. _____

2. En el mundo se hacen negocios por millones de millones de dólares. _____

3. El planeta Neptuno está a más de cuatro mil millones de kilómetros del Sol. _____

4. El territorio de Papúa-Nueva Guinea, en el océano Pacífico, comprende unas seiscientas islas. _____

5. En el universo es posible que haya un millón de billones de estrellas. _____

3 **El gordo de la lotería** Has ganado el premio mayor de la lotería: $1.000.000.000,00. Tienes que gastarte todo el dinero. Describe por lo menos cinco cosas que vas a comprar y cuánto te va a costar cada una.

_____

_____

_____

_____

_____

_____

_____

_____

_____

_____

_____

_____

_____

_____

_____

Lección 2

adelante

Lectura

Antes de leer

Observa la foto e intenta reconocer de qué trata el texto. También puedes deducir cómo es la chica que lo escribió y qué cosas le gustan.

Programa de verano

Comité Académico

Escuela de Veterinaria

Universidad San Marcos

¿Fue el libro *Margarita Flores salva el planeta* lo que cambió mi manera de ver el mundo? ¿Fueron las inolvidables visitas al campo con papá? ¿Algún programa del *Discovery Channel*? ¿O fue tal vez mi maestra de ciencias quien me reveló la verdad sobre el calentamiento del planeta, la lluvia ácida y las especies en peligro de extinción? Al mirar hacia atrás, veo muchos momentos y personas que marcaron mi vocación hacia la ecología y los animales.

Cuando en la escuela secundaria estudiaba alguna especie en peligro de extinción o la sobrepoblación de animales domésticos, me di cuenta de que necesitaba hacer algo más que reciclar latas, recolectar botellas plásticas, evitar el uso de aerosoles, escribir por ambos lados de las hojas de las libretas y cuidar de mis mascotas. Quería saber mucho más. Esta curiosidad comenzó a los seis años cuando iba con mi papá al campo. Él me explicaba todo acerca de las plantas y los animales. Juntos creamos una colección de semillas multicolores que aún conservo y es uno de mis tesoros más preciados. Desde esos días de aventura, siempre hemos tenido mascotas en casa, y las consideramos parte de nuestra familia.

Actualmente, de lunes a viernes, trabajo por las tardes en un hospital veterinario de mi comunidad. Allí ayudo a cuidar a los animales que se están recuperando; les doy de comer y limpio sus heridas para evitar infecciones. Los fines de semana soy voluntaria en un refugio de mascotas donde ayudamos a animales que han sido abandonados o maltratados. También, junto con otros voluntarios, voy a tiendas de animales y exposiciones caninas a informar a la gente sobre la adopción de estos animales tan necesitados de amor.

No tengo dudas sobre mi vocación y creo que el programa de verano "Introducción a la medicina veterinaria" será un paso trascendental para familiarizarme con los fundamentos de esta interesante carrera. Sé que este programa me permitirá aprender, desarrollar destrezas y ganar experiencia. No sólo deseo ayudar a los animales; también quiero colaborar para que la gente tome conciencia de los derechos de los animales. Estoy completamente convencida de que el programa de introducción a la veterinaria de su universidad es la manera más efectiva y exitosa de lograr mis objetivos personales y profesionales.

Atentamente,

María Isabel Pérez

Después de leer

1 **Comprensión** Responde a las preguntas con oraciones completas.

1. ¿De qué se dio cuenta Isabel cuando estudiaba en la secundaria? _____
   _____

2. ¿Qué hacían Isabel y su papá cuando ella era pequeña? _____
   _____

3. ¿A qué se dedica Isabel por las tardes? _____
   _____

4. ¿Qué hace Isabel como voluntaria? _____
   _____

5. ¿Cuál es la razón más importante por la cual desea entrar al programa de introducción
   a la veterinaria? _____
   _____

2 **Interpretación** Contesta las preguntas con oraciones completas y explica tus respuestas.

1. ¿Crees que Isabel va a ser aceptada en el programa de verano? _____
   _____
   _____

2. ¿Cómo piensas que es la personalidad de Isabel? _____
   _____
   _____

3. ¿Qué carrera piensas que es la mejor para ti? ¿Por qué? _____
   _____
   _____

4. ¿Qué importancia crees que tienen los programas introductorios de verano? _____
   _____
   _____

5. Piensa en una persona importante en tu vida que estudia en la universidad. ¿En qué carrera
   está? ¿Por qué crees que eligió esa carrera? _____
   _____
   _____

Lección 2

Escritura

Estrategia

Brainstorming

How do you find ideas to write about? In the early stages of writing, brainstorming can help you generate ideas on a specific topic. You should spend ten to fifteen minutes brainstorming and jotting down any ideas about the topic that occur to you. Whenever possible, try to write down your ideas in Spanish. Express your ideas in single words or phrases, and jot them down in any order. While brainstorming, do not worry about whether your ideas are good or bad. Selecting and organizing ideas should be the second stage of your writing. Remember that the more ideas you write down while you are brainstorming, the more options you will have to choose from later when you start to organize your ideas.

Me gusta	No me gusta
bailar	levantarme temprano
caminar	los lunes
conversar	correr
la clase de arte	la clase de historia
la clase de contabilidad	la clase de literatura

TEMA: Una descripción

Antes de escribir

1 Vas a escribir una descripción de ti mismo/a que incluya tu nombre, de dónde eres, a qué escuela vas, los cursos que tomas, dónde trabajas (si es que tienes un trabajo) y algunas cosas que te gustan y otras que no te gustan. Usa la siguiente tabla para generar información sobre lo que te gusta y lo que no te gusta.

Me gusta...	No me gusta...

2 Ahora completa estos datos para organizar la información que debes incluir en tu descripción.

Me llamo... (nombre) _____

_____

Soy de... (de dónde eres) _____

_____

Estudio... (nombres de las clases) **en** (nombre de la escuela) _____

_____

_____

_____

No trabajo. /Trabajo en... (lugar donde trabajas) _____

_____

Me gusta... (actividades que te gustan) _____

_____

_____

_____

No me gusta... (actividades que no te gustan) _____

_____

_____

_____

Escribir

Usa la información que organizaste en la actividad anterior para escribir un párrafo descriptivo sobre ti mismo/a. Asegúrate de incluir en tu párrafo toda la información. Añade otros detalles sobre ti mismo/a que consideres importantes.

Después de escribir

1 Intercambia el borrador de tu descripción con el de un(a) compañero/a de clase. Coméntalo y contesta estas preguntas.

▶ ¿Incluyó tu compañero/a toda la información necesaria (al menos seis datos)?

▶ ¿Añadió tu compañero/a otros detalles importantes sobre si mismo/a?

2 Revisa tu descripción de acuerdo con los comentarios de tu compañero/a. Después de escribir la versión final, léela otra vez para eliminar errores en:

▶ la ortografía   ▶ el uso de letras mayúsculas y minúsculas

▶ la puntuación   ▶ el uso de los verbos

Lección 2 *(margen izquierdo)*

contextos

1 **Los parentescos** Indica si lo que dicen las oraciones es **cierto** o **falso**. Corrige la información falsa.

> **modelo**
>
> Mi hermanastra es la hija de mi abuelo.
> Falso. Es la hija de la esposa de mi padre.

1. El marido de mi hermana es mi cuñado.

_____

2. La hija de mi tío es mi media hermana.

_____

3. El padre del padre de mi madre es mi abuelo.

_____

4. Mi hermana es nieta de la hija de mi bisabuela.

_____

5. La nieta de mi bisabuela es mi prima.

_____

6. La tía de mi primo puede ser mi mamá.

2 **¿Quiénes son?** Lee el texto y contesta las preguntas con oraciones completas.

Soy Samuel y tengo quince años. Vivo con mis padres. Mi padre es ingeniero y se llama Martín. Tiene dos hermanos y una hermanastra. Su hermano mayor es doctor, está casado con Carla y tienen una hija de tres años.

> **modelo**
>
> ¿Quién es Samuel?
> Samuel es el hijo de Martín.

1. ¿Qué es Carla de Samuel?

_____

2. ¿En qué trabaja el padre de Samuel?

_____

3. ¿Qué es Samuel de la hija de Carla?

_____

4. ¿En qué trabaja el tío de Samuel?

_____

5. ¿Quién es la sobrina de Martín?

_____

Lección 3

3 **En la playa** Escribe un párrafo para describir la escena en la playa. Señala cuál es el parentesco entre los personajes y en qué trabajan. Usa por lo menos ocho palabras de la lista.

amigo/a	hijastro/a	médico/a	suegro/a
artista	ingeniero/a	muchacho/a	programador/a
cuñado/a	madrastra	novio/a	yerno

_____
_____
_____
_____
_____
_____
_____
_____
_____

4 **Mi familia** Describe a tu familia. Usa las preguntas como guía.

▸ ¿Qué miembro(s) de tu familia llegó/llegaron primero a este país?

▸ ¿Hace cuánto tiempo llegaron?

▸ ¿Qué otros familiares tienes aquí?

▸ ¿Tienes parientes en el país de donde viene tu familia? ¿Quiénes?

_____
_____
_____
_____
_____
_____

Lección 3

pronunciación y ortografía

Diptongo, triptongo e hiato

En español, las vocales **a**, **e** y **o** se consideran vocales fuertes. Las vocales débiles son **i** y **u**.

herm**a**no	ni**ña**	cu**ña**do

Un **diptongo** es una combinación de dos vocales débiles o de una vocal fuerte con una débil que generalmente se pronuncian en la misma sílaba.

r**ui**do	par**ie**ntes	canc**ió**n

Un **triptongo** es la combinación de dos vocales débiles y una fuerte en la misma sílaba.

Parag**uay**	g**uau**	alivi**áis**

Un **hiato** es la unión de dos vocales que se pronuncian en sílabas separadas. Si el hiato está formado por una vocal fuerte y una débil y la sílaba donde está la vocal débil se pronuncia con más fuerza, esa vocal debe llevar tilde.

d**í**-a	ba-**úl**	tra-**e**

Algunos verbos en español presentan **hiato** en algunas de sus conjugaciones, aunque no lo tengan en el infinitivo.

reunir ➝ re**ú**ne   haber ➝ hab**í**a

Práctica

1 **Clasificar** Lee estas palabras en voz alta. Escribe si es un diptongo, triptongo o hiato.

1. historia _____
2. ríe _____
3. dio _____
4. limpiáis _____

5. presencia _____
6. miau _____
7. ortografía _____
8. vegetación _____

9. Uruguay _____
10. mayoría _____
11. Venezuela _____
12. caída _____

2 **Tildes** Ponle tilde a las palabras que la necesiten. Indica si cada una tiene diptongo o hiato.

1. dia _____
2. familia _____
3. raiz _____
4. Luis _____
5. recuerda _____
6. veias _____

Lección 3

Lección 3 Cuaderno para hispanohablantes   **35**

cultura

¿Cómo te llamas?

En el mundo hispano, es común tener dos apellidos. El primero se hereda del padre y el segundo, de la madre. En algunos casos, se conectan los dos apellidos con las conjunciones *de* o *y*. Por ejemplo, en el nombre **Juan Martínez de Velasco**, *Martínez* es el **apellido paterno** y *Velasco* es el **apellido materno**; *de* simplemente une los dos apellidos. Esta convención de usar doble apellido es una tradición europea que los españoles trajeron a América y que continúa practicándose en muchos países, como Chile, Colombia, México, Perú y Venezuela. Sin embargo, existen algunas excepciones. En Argentina, la costumbre que prevalece es la de usar sólo el apellido del padre.

Cuando se casa una mujer en un país en que se usa doble apellido, legalmente ella conserva sus dos apellidos de soltera. Sin embargo, socialmente puede usar el apellido paterno de su marido en lugar de su apellido materno heredado.

Por lo tanto, como **Mercedes Barcha Pardo** está casada con el escritor colombiano **Gabriel García Márquez**, podría usar **Mercedes Barcha García** o **Mercedes Barcha de García** en situaciones sociales, aunque oficialmente su nombre sigue siendo **Mercedes Barcha Pardo**. (La adopción del apellido del esposo con propósitos sociales, aunque generalizada, sólo es legalmente reconocida en Ecuador y Perú.)

La mayoría de los padres hispanos no rompen esta tradición con sus hijos. Les dan el primer apellido del padre seguido por el primer apellido de la madre, como en el nombre **Rodrigo García Barcha**. Sin embargo, uno debe notar que ambos apellidos provienen de los abuelos varones y, por lo tanto, todos los apellidos son en realidad paternos.

Hijos en casa

En los países hispanos, la familia y la sociedad no ejercen presión para que los adultos jóvenes se independicen, y los hijos generalmente viven con sus padres hasta los treinta años o más. Aunque el desinterés por independizarse es en parte cultural, la razón principal es económica: los salarios bajos y el alto costo de la vida dificultan que los adultos jóvenes vivan solos antes de casarse. Por ejemplo, el 60% de los españoles menores de 34 años vive con sus padres.

1 **Comprensión** Responde a las preguntas con oraciones completas.

1. ¿De dónde proviene la tradición del doble apellido?

   _____

2. ¿Qué país hispano presenta una excepción en el uso del doble apellido?

   _____

3. ¿Sabes cuál es el origen de los apellidos de tu familia?

   _____

4. ¿Sigue tu familia la tradición de los dos apellidos? Explica.

   _____

5. ¿Qué información puedes deducir del apellido de una persona?

   _____

estructura

3.1 Adjetivos descriptivos

Los adjetivos son palabras que se usan para describir personas, lugares y cosas. En español, los adjetivos descriptivos deben coincidir en género y número con los sustantivos a que se refieren. Los adjetivos que terminan en **-o** y en **-or** tienen cuatro formas diferentes: dos formas para el singular y dos formas para el plural.

Singular	**Plural**
Mi hijo es delgad**o**.	Mis hijos son delgad**os**.
Mi hija es delgad**a**.	Mis hijas son delgad**as**.
Jorge es encantad**or**.	Ellos son encantad**ores**.
Alma es encantad**ora**.	Ellas son encantad**oras**.

▶ Los adjetivos terminados en **-e** o en consonante sólo varían en número. En masculino y femenino tienen la misma forma.

Singular	**Plural**
Ernesto es aleg**re**.	Ernesto y Juan son aleg**res**.
Elena es aleg**re**.	Elena y Julia son aleg**res**.

▶ A diferencia del inglés, en español los adjetivos que se refieren a la nacionalidad se escriben con minúscula.

Esteban es **mexicano**.   Flor es **española**.
Esteban is Mexican.   *Flor is Spanish.*

▶ Éstos son los adjetivos de nacionalidad de los países hispanohablantes.

argentino/a	cubano/a	hondureño/a	peruano/a
boliviano/a	dominicano/a	mexicano/a	puertorriqueño/a
canadiense	ecuatoriano/a	nicaragüense	salvadoreño/a
chileno/a	español(a)	panameño/a	uruguayo/a
colombiano/a	estadounidense	paraguayo/a	venezolano/a
costarricense	guatemalteco/a		

▶ Éstos son algunos adjetivos que refieren a personas nacidas en los Estados Unidos cuyos padres vinieron de otros países.

cubanoamericano/a	mexicoamericano/a
dominicanoamericano/a	venezolanoamericano/a

Adjetivos de uso común

▶ Estos adjetivos descriptivos se usan comúnmente para personas.

alegre	confiado/a	honrado/a	ordenado/a	solidario/a
amable	curioso/a	inteligente	prudente	tímido/a
atractivo/a	despreocupado/a	lento/a	rápido/a	trabajador(a)
cariñoso/a	dormilón	listo/a	responsable	triste
cómodo/a	flojo/a	miedoso/a	sociable	valiente

Práctica

1 **Comentarios** Claudia se pasa la vida calificando todo. Escribe sus comentarios sobre las personas o cosas que menciona Alfredo. Usa diferentes adjetivos en cada caso.

> **modelo**
>
> **ALFREDO** ¿Sabes que los padres de Sonia se compraron una casa?
> **CLAUDIA** Sí, *es una casa muy linda.*

1. **ALFREDO** Mi primo Paco nunca supera el límite de velocidad permitido.

   CLAUDIA _____

2. **ALFREDO** Marcelo siempre deja su mochila en cualquier parte.

   CLAUDIA _____

3. **ALFREDO** Mi abuelo quiere cortar el árbol que está en su jardín.

   CLAUDIA _____

4. **ALFREDO** Claudia, te queda muy bien ese corte de pelo.

   CLAUDIA _____

2 **Nacionalidad** Escribe oraciones completas para decir cuál es la nacionalidad de las personas que se mencionan, dónde viven ahora y que profesión tienen. Recuerda que puedes inventar los detalles si no conoces a alguna de las personas.

> **modelo**
>
> Shakira/Colombia
> *Shakira es colombiana, pero ahora vive en Estados Unidos. Ella es cantante.*

1. Benicio del Toro/Puerto Rico

   _____

2. Emilio y Gloria Estefan/Cuba

   _____

3. Manny Ramírez y David Ortiz/República Dominicana

   _____

4. Madonna/Estados Unidos

   _____

3 **Tu familia** Escribe un párrafo para describirte a ti mismo/a y a tu familia. Usa estos aspectos como guía para describir a cada persona. No olvides usar la mayor cantidad de adjetivos descriptivos que puedas.

▶ nacionalidad(es)   ▶ forma de ser   ▶ películas favoritas
▶ clases y/o actividades favoritas   ▶ comidas preferidas   ▶ música preferida

_____

_____

_____

_____

3.2 Adjetivos posesivos

▷ Los adjetivos posesivos son los que indican posesión o pertenencia.

Adjetivos posesivos		
FORMAS SINGULARES	**FORMAS PLURALES**	
mi	mis	*my*
tu	tus	*your* (fam.)
su	sus	*his, her, its, your* (form.)
nuestro/a	nuestros/as	*our*
vuestro/a	vuestros/as	*your* (fam.)
su	sus	*their, your* (form.)

▷ **¡Atención!** Los adjetivos posesivos **tu** y **tus** se usan de forma familiar. Para mostrar respeto por una persona mayor y en situaciones formales, se usan **su** y **sus**. Un niño le puede decir a otro niño: "¿Él es **tu** papá?" Pero si le habla a un adulto, para mostrar respeto le dirá: "¿Él es **su** papá?"

▷ Como **su** y **sus** tienen muchos significados (de él, de ella, de ellos, de ellas, de usted, de ustedes), es necesario fijarse bien en el contexto. A veces es posible evitar la confusión usando la construcción [*artículo*] + [*sustantivo*] + **de** + Ud./él/ella/Uds./ellos/ellas. Otras veces debes redactar la oración buscando otras formas de evitar la confusión. Observa estos ejemplos.

> Gracia llegó temprano a casa de Amanda para acompañarla porque **sus** padres salieron de la ciudad. (Por contexto, se entiende que se refiere a los padres de Amanda, pero se podría haber evitado la confusión si se hubiera dicho **porque los padres de Amanda salieron de la ciudad**).

> Un policía detiene a un sospechoso y le pregunta hacia dónde va. El sospechoso le responde que va a visitar a una amiga que vive en esa cuadra. Entonces el policía le pregunta: "¿Cuál es **su** casa?" El sospechoso, que se había puesto nervioso y pensaba que se refería a él y no a su amiga, le responde: "**Mi** casa está en otro vecindario".

CONFUSIÓN	**SIN CONFUSIÓN**
¿Cuál es **su** casa?	¿Cuál es **la** casa **de ella**?

▷ Se debe repetir el adjetivo posesivo cuando se refiere a dos personas. Si el adjetivo posesivo se refiere a la misma persona, no se repite.

UNA SOLA PERSONA	**DOS PERSONAS**
Te presento a **mi** amiga y colega.	Te presento a **mi** amiga y a **mi** colega

▷ **¡Atención!** Para diferenciar los adjetivos posesivos **mi** y **tu** de los pronombres personales **mí** y **tú**, éstos últimos llevan tilde.

▷ A diferencia del inglés, que usa adjetivos posesivos para referirse a las partes del cuerpo y a la ropa, en español siempre se usan los artículos definidos **el, la, los, las**.

Inglés	**Español**
My *arms hurt.*	Me duelen **los** brazos.
Ángela is washing **her** *hands.*	Ángela se lava **las** manos.
I lost **my** *hat.*	Se me perdió **el** sombrero.

Lección 3

Práctica

1 **Preguntas y respuestas** Responde a cada pregunta con una oración completa. Usa en cada oración un adjetivo posesivo.

> **modelo**
>
> ¿Dónde viven tus tíos?
> Mis *tíos viven en Colorado.*

1. ¿Cómo son tus padres?

   _____

2. ¿Cómo celebran ustedes sus cumpleaños en casa?

   _____

3. ¿A qué se dedican tus hermanos/as?

   _____

4. ¿Cómo se llama tu mascota?

   _____

5. ¿Quién es tu actor o actriz favorito/a?

   _____

6. ¿Cuál es la parte que más te gusta de tu casa?

   _____

2 **Mi familia** Escribe un párrafo donde Pepe describe a su familia. Usa adjetivos posesivos.

Pepe

_____

_____

_____

_____

_____

_____

_____

_____

_____

_____

_____

_____

_____

3.3 Presente de verbos terminados en -er e -ir

En la **Lección 2**, aprendiste a formar el presente de los verbos regulares terminados en **-ar**.
Ahora vas a aprender los verbos regulares terminados en **-er** e **-ir**.

> Yo **escribo** los verbos en español.
>
> Tú **comes** sopa de verduras.
>
> Mariana **abre** la puerta de la casa.
>
> Mis primos y yo **corremos** en el parque.
>
> Los Sres. Herrera **viven** en el edificio de la esquina.

Los verbos terminados en **-er** e **-ir** tienen casi las mismas terminaciones. Observa la tabla de
arriba y completa las reglas para las terminaciones de las distintas formas. Fíjate en las partes
que van en negritas.

▷ Para la forma **yo**, los verbos regulares terminados en **-er** o **-ir** llevan _____
en la terminación.

▷ Para la forma **tú**, los verbos regulares que terminan en **-er** o **-ir** llevan _____
en la terminación.

▷ Para la forma **Ud./él/ella**, los verbos regulares terminados en **-er** o **-ir** llevan _____
en la terminación.

▷ Para la forma **nosotros/as**, los verbos regulares que terminan en **-er** llevan _____
y los verbos terminados en **-ir** llevan _____ en la terminación.

▷ Para la forma **Uds./ellos/ellas**, los verbos regulares que terminan en **-er** o **-ir** llevan
_____ en la terminación.

Por lo tanto, los verbos regulares terminados en **-er** e **-ir** tienen las mismas terminaciones,
excepto en el sujeto _____.

Práctica

1 **Preguntas** Responde a las preguntas con oraciones completas.

1. ¿Asistes a clases de matemáticas?

   _____

2. ¿Tu familia y tú comen juntos?

   _____

3. ¿Tú mejor amigo/a comparte sus secretos contigo?

   _____

4. ¿Escribes muchas postales cuando viajas?

   _____

5. ¿Tus amigos/as y tú corren todos los días?

   _____

6. ¿Tu mamá lee poesía?

   _____

Lección 3

Lección 3 Cuaderno para hispanohablantes

2 **Tu rutina** Describe tu rutina diaria usando por lo menos seis de los verbos de la lista.

abrir	comer	creer	recibir
asistir	comprender	escribir	vivir

_____

_____

_____

_____

_____

_____

_____

_____

3 **Retrato en palabras** ¿Qué actividades realizan las personas que tienen más edad en tu familia? Escribe un retrato sobre alguna persona de la tercera edad usando la mayor cantidad de verbos en presente que puedas.

> **modelo**
>
> Mi abuelo camina todas las mañanas hasta el parque más cercano. Allí pasa un rato con sus amigos y lee algún libro.

_____

_____

_____

_____

_____

_____

_____

_____

_____

_____

_____

_____

Lección 3

3.4 Presente de tener **tener** y de **venir**

▶ Los verbos **tener** y **venir** son dos de los verbos que más se usan en español. La mayoría de sus formas son irregulares, excepto las formas para **nosotros/as** y **vosotros/as**, que son regulares.

Los verbos **tener** y **venir**		
	tener	**venir**
FORMAS EN SINGULAR		
yo	ten**go**	ven**go**
tú	ti**e**nes	vi**e**nes
Ud. / él / ella	ti**e**ne	vi**e**ne
FORMAS EN PLURAL		
nosotros / as	tenemos	venimos
vosotros / as	tenéis	venís
Uds. / ellos / ellas	ti**e**nen	vi**e**nen

▶ En ciertas expresiones del español, se usa la construcción **tener** + [*sustantivo*] para expresar lo mismo que en inglés se expresa con **ser** (*to be*) + [*adjetivo*].

TENER + SUSTANTIVO	SER + ADJETIVO
Tengo miedo.	*I am afraid.*

▶ Para un hispanohablante es perfectamente natural usar el verbo **tener** para decir lo mismo que en inglés se dice con el verbo *to be*. Observa los siguientes ejemplos en la tabla.

Expresiones con **tener**			
tener... años	*to be... years old*	**tener (mucha) prisa**	*to be in a (big) hurry*
tener (mucho) calor	*to be (very) hot*	**tener razón**	*to be right*
tener (mucho) cuidado	*to be (very) careful*	**no tener razón**	*to be wrong*
tener (mucho) frío	*to be (very) cold*	**tener (mucha) sed**	*to be (very) thirsty*
tener (mucha) hambre	*to be (very) hungry*	**tener (mucho) sueño**	*to be (very) sleepy*
tener (mucho) miedo (de)	*to be (very) afraid/ scared (of)*	**tener (mucha) suerte**	*to be (very) lucky*

▶ Ahora observa otras expresiones que en español usan el verbo **tener** y no los verbos **ser** o **estar**.

Español	**Inglés**
Tengo dieciséis años.	*I am sixteen years old.*
¿**Tienes** frío?	*Are you cold?*
Él **tiene** vergüenza.	*He is ashamed.*
Ellas **tienen** éxito.	*They are successful.*

Lección 3

Práctica

1 **Tener** Escribe una oración completa para responder a cada pregunta.

> **modelo**
>
> ¿Cuándo debes tener mucho cuidado?
> *Debo tener mucho cuidado cuando cruzo una avenida importante.*

1. ¿De qué tienes miedo?

   _____

2. ¿En qué tienes suerte?

   _____

3. ¿Cómo te sientes cuando descubres que no tienes la razón?

   _____

4. ¿En qué tienes cuidado?

   _____

2 **Sinónimos** Primero, escribe una expresión con **tener** que sea sinónimo de cada palabra o expresión. Después, escribe una frase con cada una de las expresiones con **tener** que descubriste.

1. querer _____

   _____

2. estar cansado _____

   _____

3. apurarse _____

   _____

4. ser viejo _____

   _____

3 **Autobiografía** Imagina que eres el vocalista de una nueva banda de rock y que escribes una breve autobiografía de ti y tu grupo para un periódico de la ciudad. En la autobiografía puedes contar, por ejemplo, de dónde vienes, cuántos años tienes en la música, cómo se formó el grupo, cuántas canciones tienen, qué otras cosas vienen a hacer a esta ciudad. Usa el presente de los verbos **tener** y **venir**.

_____

_____

_____

_____

_____

_____

adelante

Lectura

Antes de leer

¿Qué características debe tener un grupo humano para ser considerado una familia?

_____

_____

_____

Historias familiares

• Me llamo Angélica y tengo nueve años. Vivo con mi hermanita Susana y mi madre, quien trabaja para un canal de televisión. Mi papá ya no vive en casa, pero lo vemos casi todos los fines de semana. Por eso sabemos que podemos contar con él cuando lo necesitamos. Él coopera con los gastos de la casa y nos entrega una mesada a mi hermana y a mí.

• José es mi nombre, tengo catorce años y vivo con mis papás y mi hermano Arturo, ¡y en camino viene otro hermanito! Todos en la casa nos llevamos muy bien y nos ayudamos en todo. Una vez al año vamos a México a visitar a nuestros parientes. Me gusta mucho ir a visitarlos porque nos mantienen en contacto con nuestras raíces y tradiciones. Además, la comida que prepara mi abuelita es riquísima.

• Yo soy Ingrid. Me casé con Javier hace poco, porque quisimos terminar primero nuestros estudios universitarios. Soy educadora de preescolar y trabajo con niños pequeños. Javier es profesor de español en una escuela secundaria. Nos conocimos en la universidad donde estudiamos, y después de ser novios por dos años, decidimos dar este importante paso. Estamos felices armando nuestro hogar. Siempre vienen a vernos nuestros familiares y amigos. ¿Hijos? Vamos a esperar un poco, para que tengan lo mejor. Yo apenas tengo veinticinco años y ser padres es una gran responsabilidad, así que hay que prepararse bien.

• Mi esposo Elías y yo estamos casados desde hace treinta años. Ha sido un largo tiempo juntos compartiendo lo que la vida nos ha dado. Tenemos tres hijos —Carla, Ignacio y Leticia— y ¡siete nietos! El menor sólo tiene tres años y es la luz de nuestros ojos. Hemos sido felices juntos. Claro, nuestra vida también ha tenido tiempos difíciles (como cuando mi esposo perdió el trabajo y pasaron meses antes de que consiguiera otro), pero hemos sabido salir de ellos sin comprometer nuestra unión. Incluso, todavía nos gusta pasear por la costanera tomados de la mano y aún hacemos planes para el futuro. De hecho, mi marido pronto se va a jubilar y entonces vamos a disfrutar de un viaje por nuestro Perú natal.

Lección 3

• Mi nombre es Emilia y tengo diecisiete años. Yo vivo en San Antonio, Texas, con mis papás y mis abuelos maternos. También tengo un hermano mayor, Álex, pero él vive en Nueva York en donde asiste a la universidad. Álex estudia medicina y es muy buen estudiante. Yo voy estudiar arquitectura. En casa, mis padres y mi abuelo trabajan, mientras que mi abuela se dedica a la casa, aunque todos le ayudamos con lo que podemos. Por las tardes, me gusta pasar tiempo con mis abuelos porque me cuentan historias muy interesantes de su vida en Puerto Rico.

Después de leer

1 **Comprensión** Responde a las preguntas con oraciones completas.

1. ¿Qué tan seguido ve Angélica a su papá?

   _____

2. ¿Qué planea hacer Elías cuando se jubile?

   _____

3. ¿Cuántas personas viven en la casa de José?

   _____

4. ¿A qué se dedica Ingrid? ¿Y Javier?

   _____

5. ¿Qué piensa Emilia de vivir con sus abuelos?

   _____

2 **Interpretación** Contesta las preguntas con oraciones completas y explica tus respuestas.

1. ¿Piensas que hay sólo un tipo "perfecto" de familia?

   _____

2. ¿Qué miembros de tu familia son más importantes para ti?

   _____

3. ¿Cuál es el recuerdo más feliz o divertido que tienes con tu familia?

   _____

4. ¿Cómo es la relación entre las diferentes generaciones de tu familia?

   _____

5. ¿Qué características crees que hacen que tu familia sea única?

   _____

Lección 3

Escritura

Estrategia

Using idea maps

How do you organize ideas for a first draft? Often, the organization of ideas represents the most challenging part of the process. Idea maps are useful for organizing pertinent information. Here is an example of an idea map you can use:

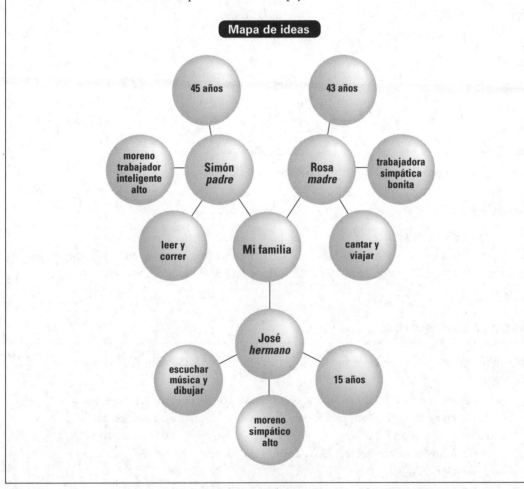

Mapa de ideas

45 años · 43 años · moreno trabajador inteligente alto · Simón *padre* · Rosa *madre* · trabajadora simpática bonita · leer y correr · Mi familia · cantar y viajar · José *hermano* · escuchar música y dibujar · 15 años · moreno simpático alto

TEMA: Escribir una carta

Antes de escribir

1 Vas a escribir una carta que incluye una descripción de tu familia. Antes de empezar, crea un mapa de ideas como el de arriba, con un círculo para cada miembro de tu familia. No olvides incluir información de cada una de estas categorías para cada miembro de la familia:

▶ Nombres y su parentesco contigo
▶ Características físicas
▶ Pasatiempos e intereses

2   Cuando hayas completado tu mapa de ideas, compáralo con el de un(a) compañero/a.
¿Incluyeron ambos/as el mismo tipo de información? ¿Pusieron a todos los miembros de su
familia? ¿Incluyeron información de las tres categorías para cada persona?

3   Como vas a escribir una carta, repasa estas expresiones útiles para escribir cartas en español
y fíjate en los signos de puntuación que deben llevar:

Saludos

Estimado/a Julio/Julia:	*Dear Julio/Julia,*
Querido/a Miguel/Ana María:	*Dear Miguel/Ana María,*

Despedidas

Un abrazo,	*A hug,*
Abrazos,	*Hugs,*
Cariños,	*Much love,*
¡Hasta pronto!	*See you soon!*
¡Hasta la semana próxima!	*See you next week!*

Escribir

Usa tu mapa de ideas y la lista de expresiones para escribir cartas y escríbele a un(a)
amigo/a una carta que describa a tu familia. No olvides incluir algunos verbos y adjetivos
que aprendiste en esta lección, además de las formas en presente de los verbos terminados
en **-ar, -er** e **-ir**.

Después de escribir

1   Intercambia tu borrador con el de un(a) compañero/a de clase. Coméntalo y contesta
estas preguntas.

▷ ¿Los adjetivos que usó tu compañero/a concuerdan con la persona que describen?

▷ ¿Incluyó tu compañero/a edad, parentesco, características físicas, pasatiempos e intereses
de cada miembro de su familia?

▷ ¿Usó correctamente tu compañero/a las formas en presente de los verbos terminados
en **-ar, -er** e **-ir**.

▷ ¿Usó correctamente tu compañero las expresiones para escribir cartas?

2   Revisa tu informe de acuerdo con los comentarios de tu compañero/a. Después de escribir la
versión final, léela otra vez para eliminar errores en:

▷ la ortografía   ▷ el uso de los verbos

▷ la puntuación   ▷ la concordancia entre sustantivos y adjetivos

▷ el uso de letras mayúsculas y minúsculas

contextos

1 **Crucigrama** Completa el crucigrama.

Horizontales

2. nadar bajo el agua
5. actividad que practica un alpinista (dos palabras)
6. deporte que practica un nadador
7. expresarse a través de la escritura
9. deporte que se practica en patines, sobre hielo o césped

Verticales

1. Michael Jordan es un jugador de este deporte
3. deporte que se practica en un vehículo de dos ruedas
4. deslizarse (slide) por la nieve
8. deporte que se juega con raqueta

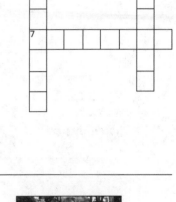

2 **¿Qué hacen?** Escribe una oración para describir cada fotografía.

> modelo
>
> La señora Angélica disfruta caminando por las calles de su barrio.

1. Sr. Felipe

_____

2. Pati

_____

3. Pepe y Lalo

_____

4. Julián y Miguel

_____

3 **Deportes y pasatiempos** Escribe cinco oraciones relacionadas con deportes y cinco oraciones relacionadas con pasatiempos. Puedes escribir sobre estos temas.

 ▶ actividades que acostumbras hacer y con qué frecuencia las haces
 ▶ dónde practicas estas actividades y con quién(es)
 ▶ actividades que (no) te gustan
 ▶ deportes que nunca has practicado, pero que te gustaría intentar

modelo

> **Deportes:** *Juego tenis todos los fines de semana.*
> **Pasatiempos:** *A veces veo películas en casa con mi familia*

Deportes

1. _____
2. _____
3. _____
4. _____
5. _____

Pasatiempos

1. _____
2. _____
3. _____
4. _____
5. _____

4 **Tiempo libre** Este grupo de amigos tiene una semana libre y la aprovechan al máximo. Escribe un párrafo para describir lo que ellos hacen por las mañanas, por las tardes y por las noches. Usa la mayor cantidad de palabras posibles que has aprendido en esta lección.

modelo

> *Por las mañanas juegan al fútbol en el parque.*

_____
_____
_____
_____
_____
_____
_____

pronunciación y ortografía

El acento y la tilde

En español, la sílaba que se pronuncia con más fuerza en una palabra es la sílaba "acentuada" o sílaba tónica. Esta sílaba no necesariamente tiene que llevar tilde (acento escrito). Para saber cuándo usar tilde y cuándo no, necesitas aprender las siguientes reglas. Son importantes también porque a veces el significado de una palabra cambia según tenga tilde o no.

| pe-**lí**-cu-la | bi-blio-**te**-ca | vi-si-**tar** | **fút**-bol |

Las palabras que se acentúan en la última sílaba se llaman **agudas** y no suelen terminar en **n**, **s** o **vocal**.

| bai-**lar** | es-pa-**ñol** | u-ni-ver-si-**dad** | tra-ba-ja-**dor** |

Si las palabras agudas terminan en **n**, **s** o **vocal**, llevan tilde (acento escrito).

| na-ta-**ción** | pa-**pá** | in-**glés** | Jo-**sé** |

Las palabras que se acentúan en la penúltima sílaba se llaman **graves** y generalmente terminan en **n**, **s** o **vocal**.

| pe-**lo**-ta | pis-**ci**-na | **ra**-tos | **ha**-blan |

Si las palabras graves no terminan en **n**, **s** ni **vocal**, llevan tilde.

| **béis**-bol | **lá**-piz | **ár**-bol | **Gó**-mez |

Las palabras que se acentúan en la sílaba anterior a la penúltima se llaman **esdrújulas** y siempre llevan tilde.

| pi-**rá**-mi-de | **cá**-ma-ra | **jó**-ve-nes | **plás**-ti-co |

Práctica

1 **Clasificar** Lee las palabras y clasifícalas en agudas, graves y esdrújulas. Escríbelas separando cada sílaba con un guión. Subraya la sílaba que se pronuncia con más fuerza y escribe la tilde cuando corresponda. En algunas palabras no vas a usar la tilde.

1. credito: _____
2. agil: _____
3. esqui: _____
4. ajedrez: _____

5. semana: _____
6. musica: _____
7. automovil: _____
8. balon: _____

2 **Las Américas** Escribe los nombres de cuatro países de las Américas que sean palabras agudas. Escribe los nombres de cuatro países de las Américas que sean palabras graves. Escribe el nombre de un país o una ciudad de las Américas que sea una palabra esdrújula. Escribe cada nombre correctamente.

Agudas	**Graves**	**Esdrújula**
_____	_____	_____
_____	_____	
_____	_____	
_____	_____	

Lección 4 Cuaderno para hispanohablantes   **51**

Lección 4

Real Madrid y Barça: Rivalidad total

En España, el fútbol es una fuerza considerable y no hay dos equipos que llamen más la atención que el **Real Madrid** y el **Fútbol Club Barcelona**. Ya sea el lugar de reunión el estadio **Santiago Bernabéu** de Madrid o el **Camp Nou** de Barcelona, las dos ciudades se paralizan por la fiebre del fútbol en cada enfrentamiento. Los boletos para asistir al partido son los más solicitados de la Liga.

La rivalidad entre el Real Madrid y el Barça se debe a algo más que al fútbol. Por ser las dos ciudades más grandes y poderosas de España, Barcelona y Madrid son comparadas constantemente y poseen una rivalidad natural. También existe un elemento político en esta dinámica. Barcelona, con su lengua y su cultura distintivas, siempre ha luchado por aumentar su autonomía frente al gobierno central de Madrid. Durante la dictadura de Francisco Franco (1939–1975), cuando la represión contra la identidad catalana estaba en su punto más alto, un encuentro deportivo entre el Real Madrid y el FC Barcelona estaba envuelto en el simbolismo del régimen contra la resistencia. Sin embargo, los dos equipos sufrieron pérdidas durante la Guerra Civil y el posterior régimen dictatorial.

Aunque los años de dictadura han quedado atrás, la energía acumulada durante esas décadas de competencia todavía llena ambas ciudades de apasionada expectativa antes de un partido. Una vez que el resultado final es anunciado, una de las dos ciudades se transforma en la mejor fiesta del país.

1 **Comprensión** Responde a las preguntas con oraciones completas.

1. Resume en una frase el tema del texto. _____
_____

2. ¿Cuáles son las razones de la rivalidad entre los dos equipos? _____
_____

3. ¿Qué equipo de fútbol te gusta? ¿Por qué? _____

4. ¿Por qué crees que el fútbol provoca reacciones tan apasionadas del público? _____
_____

5. ¿Consideras que, aparte del espíritu deportivo, se cultivan otros valores al ser fanático de un equipo de fútbol? _____
_____

6. ¿Qué otro(s) deporte/equipos provoca(n) este tipo de comportamiento? _____
_____
_____

estructura

4.1 Presente de **ir**

En presente, el verbo **ir** (*to go*) es irregular. Observa que todas las formas del presente comienzan con **v**; nunca con **b**.

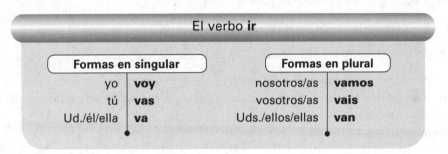

El verbo **ir**			
Formas en singular		**Formas en plural**	
yo	**voy**	nosotros/as	**vamos**
tú	**vas**	vosotros/as	**vais**
Ud./él/ella	**va**	Uds./ellos/ellas	**van**

▶ El verbo **ir** muchas veces se usa con la preposición **a** (*to*). Si la preposición **a** va seguida del artículo definido **el**, ambas palabras se combinan para formar la contracción **al**. La preposición **a** seguida de los artículos **la, los, las** no forma contracciones.

Voy **al** estadio.

Van **al** laboratorio.

Carlos y Ema van **a la** biblioteca.

A él le gusta ir **a los** conciertos.

▶ La construcción **ir a** + [*infinitivo*] se usa para hablar de acciones que van a ocurrir en el futuro. Equivale a la construcción *to be going to* + [*infinitive*] del inglés.

Va a comprar unos libros.

Voy a pasear por el parque.

▶ En español, la expresión que equivale a *let's see* es **vamos a ver**. Aunque suena exactamente igual, nunca debes usar el verbo **haber** en esta expresión. **Haber** significa existir u ocurrir, así que si usaras este verbo, la expresión no significaría nada.

Vamos a ver una película.

Vamos a ver la televisión.

Lección 4

Práctica

1 **¿Adónde van?** Escribe oraciones completas para indicar a qué lugar van estas personas.

1. Es la mitad del verano y Fabiola quiere nadar. _____

2. Yo necesito consultar unos libros sobre el sistema solar. _____

3. Nosotros queremos ver pinturas de Picasso y de Miró. _____

4. Tú te caíste y te rompiste una pierna. _____

2 **Mañana** Escribe dos oraciones para cada una de estas personas. Describe lo que piensas que van a hacer mañana. Agrega una persona más.

1. tú

_____

_____

2. tus compañeros/as de clase

_____

_____

3. el presidente

_____

_____

4. tu mejor amigo/a y tú

_____

_____

5. ¿?

_____

_____

3 **¿Qué van a hacer?** Observa cada ilustración y escribe en los espacios lo que van a hacer los personajes. Recuerda usar la preposición **a.**

> **modelo**
> Pedro y Norma van a ver la televisión.

1. _____ 2. _____ 3. _____ 4. _____

_____ _____ _____ _____

Lección 4

4.2 Verbos con cambios en la raíz: e → ie, o → ue

Los verbos cuya raíz cambia no siguen el patrón normal de los verbos regulares. Observa la conjugación de este verbo.

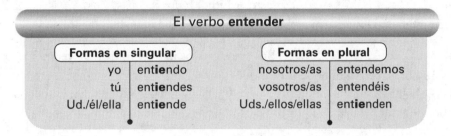

El verbo entender

Formas en singular		Formas en plural	
yo	ent**ie**ndo	nosotros/as	entendemos
tú	ent**ie**ndes	vosotros/as	entendéis
Ud./él/ella	ent**ie**nde	Uds./ellos/ellas	ent**ie**nden

Aún no **entiendo** la película.   Ellos no se **entienden.**

▶ En verbos como **entender**, la vocal de la raíz cambia de **e** a _____ en el presente. Las formas de los pronombres _____ y **vosotros/as** no tienen cambios.

▶ Observa ahora la conjugación del verbo **encontrar.**

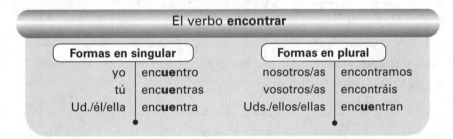

El verbo encontrar

Formas en singular		Formas en plural	
yo	enc**ue**ntro	nosotros/as	encontramos
tú	enc**ue**ntras	vosotros/as	encontráis
Ud./él/ella	enc**ue**ntra	Uds./ellos/ellas	enc**ue**ntran

▶ En verbos como **encontrar**, la vocal de la raíz cambia de **o** a _____ . Las formas de los pronombres _____ y **vosotros/as** no tienen cambios.

Mi papá no **encuentra** su teléfono.   ¿Cómo **encuentro** a Luis en la fiesta?

▶ Escribe otros verbos que conozcas que siguen el mismo patrón en el cambio de raíz.

¡Atención!

Jugar es el único verbo en español en el que la **u** de la raíz cambia a **ue**. **Jugar** va seguido de **a** y de un artículo definido cuando se menciona el nombre de un deporte.

Néstor **juega al béisbol** los domingos.

Verbos como *entender* (e:ie)

1. _____
2. _____
3. _____
4. _____
5. _____

Verbos como *encontrar* (o:ue)

1. _____
2. _____
3. _____
4. _____
5. _____

Lección 4 Cuaderno para hispanohablantes

Lección 4

Práctica

1 **Completar** Completa con el verbo que corresponda al sentido de cada oración.

1. Julián _____ practicar fútbol todos los días. _____ en todo momento las enseñanzas de su entrenador. (contar, querer, recordar)

2. Mañana _____ los preparativos para el festival de verano. Se inicia a las 16 horas, pero aún no se sabe a qué hora se _____ . (empezar, pensar, cerrar)

3. Los niños pequeños _____ intensamente la mayor parte del día; por eso cuando _____ lo hacen profundamente. (mostrar, jugar, dormir)

4. Los artistas _____ las cosas de una manera diferente y algunas veces, en su obra, hasta lo más feo lo _____ de manera hermosa. (cerrar, pensar, mostrar)

5. Ana y Pepita _____ juntas una vez por semana; así, cada siete días se _____ todo lo que les ocurrió durante ese tiempo. (contarse, encontrar, almorzar)

2 **Preguntas y respuestas** Responde a las preguntas con oraciones completas.

1. ¿Con quién almuerzas? _____

_____

2. ¿Qué prefieres, ir a la playa o esquiar? _____

_____

3. ¿Cuántas horas duermes por la noche? _____

_____

4. ¿Tus padres te entienden? _____

_____

5. ¿Cúando comienzas a estudiar para un examen? ¿La noche anterior? ¿Y tus compañeros/as?

_____

3 **Descripción** Escribe un párrafo donde describas cosas que haces generalmente durante el verano. Usa por lo menos ocho verbos de la lista.

almorzar	dormir	jugar	poder	recordar
contar	empezar	pensar	querer	volver

_____

_____

_____

_____

_____

Lección 4

4.3 Verbos con cambios en la raíz: e → i

Ya sabes que en español muchos verbos cambian la vocal acentuada de la raíz cuando se conjugan. Hay un tercer tipo de cambio que puede producirse en la raíz de algunos verbos. Lee los siguientes diálogos.

—¿Me **repites** la pregunta?

—¿Quiénes **repiten** más rápido el trabalenguas?

—¿Qué pregunta te **repito?**

—Patricio lo **repite** diez veces por minuto y Rosa, once veces.

▶ Completa ahora la conjugación del verbo **repetir** en presente y después responde a las preguntas.

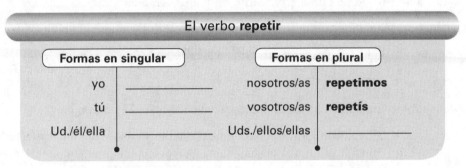

El verbo **repetir**

Formas en singular		Formas en plural	
yo	_____	nosotros/as	**repetimos**
tú	_____	vosotros/as	**repetís**
Ud./él/ella	_____	Uds./ellos/ellas	_____

¿En qué formas del verbo **repetir** la segunda **e** de la raíz cambia a **i**?

_____

¿En qué formas no cambia la raíz del verbo **repetir**?

_____

▶ Escribe otros verbos que conozcas que siguen el mismo patrón en el cambio de raíz.

1. _____   4. _____

2. _____   5. _____

3. _____   6. _____

> **¡Atención!**
>
> Aunque **decir** sigue el patrón en el cambio de raíz **e:i**, su forma del **yo** es irregular: yo **digo**, tú **dices**, él **dice**, nosotras **decimos**, vosotros **decís**, ellas **dicen**.

▶ Aunque en muchos casos los verbos **decir** y **hablar** significan lo mismo o casi lo mismo, en algunos contextos tienen significados bastante diferentes. Piensa en lo que dice el joven.

A veces la gente **habla** *mucho pero no* **dice** *nada.*

▶ En este caso, el verbo **hablar** significa solamente pronunciar palabras sin expresar nada importante; en cambio **decir** significa comunicar ideas y opiniones concretas. Otro verbo similar a estos dos es **contar** que se usa de manera coloquial en vez de **decir**.

Lección 4 Cuaderno para hispanohablantes **57**

Práctica

1 **Completar** Completa el texto con los verbos de la lista.

conseguir	repetir
decir	seguir
despedir	servir
pedir	

Hoy vamos a un partido de fútbol americano. Mi padre siempre (1) _____

buenos asientos. Mi madre (2) _____ que le gusta más el béisbol, pero igual

nos acompaña. Cuando estamos en el estadio, yo le (3) _____ a mi hermano

sus binoculares. Los jugadores de nuestro equipo (4) _____ las indicaciones

del entrenador y (5) _____ ganar el encuentro. El público los

(6) _____ con aplausos. Salimos del estadio y pasamos a una cafetería. Mis

padres (7) _____ una soda. Yo (8) _____ un jugo de frutas

y mi hermano también. Mi hermano y yo le (9) _____ a mi padre que si esto

se (10) _____ cada semana, nosotros vamos a portarnos mejor.

2 **El discurso** Imagina que eres un(a) entrenador(a) y vas a una competencia deportiva. ¿A qué tipo de deportistas te gustaría entrenar? ¿Por qué? ¿Qué marca quieres que consigan? ¿Qué les pedirías a tus deportistas? Escribe un breve discurso dirigido a tus deportistas antes de comenzar la competencia. Usa el presente de al menos cinco de los verbos aprendidos.

comenzar	hacer	mostrar	poder
conseguir	ir	pensar	querer
entender	jugar	perder	recordar

_____

_____

_____

_____

_____

_____

_____

_____

_____

_____

_____

4.4 Verbos con la forma del **yo** irregular

Terminación *-go*

En muchos verbos del español, la forma del **yo** es irregular en el presente. Aquí tienes una serie de verbos con la terminación **-go** en la forma de **yo.**

Verbos con la forma del yo irregular

	hacer *(to do; to make)*	**poner** *(to put; to place)*	**salir** *(to leave)*	**suponer** *(to suppose)*	**traer** *(to bring)*
FORMAS SINGULARES	**hago**	**pongo**	**salgo**	**supongo**	**traigo**
	haces	pones	sales	supones	traes
	hace	pone	sale	supone	trae
FORMAS PLURALES	hacemos	ponemos	salimos	suponemos	traemos
	hacéis	ponéis	salís	suponéis	traéis
	hacen	ponen	salen	suponen	traen

▶ Otros verbos que tienen **-go** en la forma del **yo** son:

caer: yo **caigo**	extraer: yo **extraigo**	satisfacer: yo **satisfago**
deshacer: yo **deshago**	rehacer: yo **rehago**	sobreponerse: yo me **sobrepongo**
distraerse: yo me **distraigo**	reponer: yo **repongo**	sobresalir: yo **sobresalgo**

▶ Cuando veas un verbo que ya conoces, incluso cuando lleva un prefijo, debes saber que lo puedes conjugar igual que el verbo "base" que ya conoces.

hacer ⟶ **deshacer** ⟶ **rehacer**

poner ⟶ **reponer** ⟶ **sobreponer**

El verbo *oír*

▶ En el verbo **oír**, la forma del **yo** es irregular. Además, este verbo tiene un cambio ortográfico, porque en las otras formas la **-i-** cambia a **-y-**.

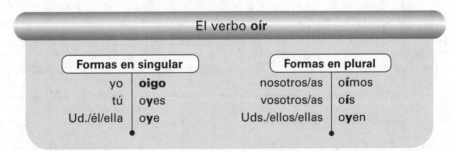

El verbo oír

Formas en singular		Formas en plural	
yo	**oigo**	nosotros/as	o**í**mos
tú	o**y**es	vosotros/as	o**í**s
Ud./él/ella	o**y**e	Uds./ellos/ellas	o**y**en

▶ Los verbos **oír** y **escuchar** no significan lo mismo. Al **oír** uno sólo percibe sonidos. **Escuchar** es poner atención a todo lo que nos rodea y a todo lo que nos dice otra persona. Sin embargo, muchas veces se puede usar el verbo **oír** con el significado de **escuchar,** pero no viceversa.

Oigo un trueno.	**Escucho** al profesor y contesto su pregunta.
Oigo la radio por las mañanas.	**Escucho** su relato sin parpadear.

Lección 4

Práctica

1 **Completar** Completa este párrafo con el presente de los verbos irregulares de la lista.

distraer	salir
hacer	sobreponer
oír	sobresalir
poner	

Estoy en clase de matemáticas. (1) _____

el ruido del viento. Me (2) _____ y

me cuesta concentrarme. La profesora me llama. Yo

(3) _____ de mi ensueño. Ella me pide que

pase a la pizarra y haga un ejercicio. Yo no (4) _____ en matemáticas,

pero siempre me (5) _____ a las dificultades. (6) _____

el ejercicio que me indica. La profesora me felicita. Yo me (7) _____

muy contenta.

2 **Preguntas** Responde a las preguntas con oraciones completas.

1. ¿Haces ejercicio regularmente? _____

_____

2. ¿Qué cosas llevas a una clase de matemáticas? _____

_____

3. ¿Cuándo sales con tus amigos/as? _____

_____

4. ¿En qué clases sobresales más? _____

_____

5. ¿Qué tipo de música oyes normalmente? _____

_____

6. ¿Tienes amigos/as en otros países? _____

_____

Lección 4

adelante

Lectura

Antes de leer

Observa el título de la lectura, las imágenes y los pies de foto. ¿De qué crees que habla el texto?

_____

_____

David Ortiz, República Dominicana (1975)

Álex Rodríguez, Estados Unidos (1975)

Bateadores del Caribe

> **Contexto cultural**
> Además de los Estados Unidos, el béisbol se juega en muchos otros países. En algunos países hispanoamericanos es incluso el deporte más popular. Así ocurre, por ejemplo, en países de la Cuenca del Caribe como México, Venezuela, Cuba, Panamá, República Dominicana, Puerto Rico y Nicaragua. En esta región se realiza una competición llamada Serie del Caribe, en la que participan muchos países, menos Cuba. Sin embargo, Cuba también es una potencia del béisbol: es el país que más triunfos ha obtenido a nivel mundial. Ha conseguido 25 victorias en 28 participaciones en los campeonatos mundiales, además de dos títulos olímpicos y una medalla de plata en tres olimpiadas.

Muchos beisbolistas latinos juegan en las Grandes Ligas de los Estados Unidos. Algunos son hijos de padres latinos, pero han nacido en los Estados Unidos. Álex Rodríguez es uno de ellos. Nació en Manhattan, pero sus padres llegaron desde República Dominicana. Álex pasó la mayor parte de su niñez y su juventud en los Estados Unidos. Hoy juega para los Yanquees de Nueva York.

Otros jugadores nacieron en el Caribe. David Ortiz, por ejemplo, nació y se crió en República Dominicana; ahora juega para los Red Sox de Boston como bateador designado. Tanto Álex como David son grandes estrellas en sus equipos. Ambos ganan hoy mucho dinero. Reciben incluso más dinero que los futbolistas mejor pagados de Europa.

Sin embargo, este éxito no ha sido fácil; para llegar hasta donde están Rodríguez y Ortiz, sus familias y ellos mismos han tenido que hacer grandes sacrificios. Para poder enviar a sus hijos a una escuela privada, la madre de Álex trabajaba de día como secretaria de una oficina de inmigración y por la noche trabajaba de mesera.

Lección 4

Pero además hubo hombres que prepararon el camino para que los jugadores latinoamericanos triunfaran en las Grandes Ligas. El más grande de todos fue Roberto Clemente. La leyenda de Clemente es un orgullo en toda América Latina, especialmente en Puerto Rico, donde nació. Clemente fue el primer jugador latino en entrar al Salón de la Fama del Béisbol, en 1973. Con él ni siquiera se esperaron los cinco años después del retiro para nominarlo.

"Por supuesto, lo que Roberto hizo en el béisbol significa mucho, especialmente para nosotros en Puerto Rico", dice Carlos Beltrán, jugador puertorriqueño que ahora juega para St. Louis. "Cuando eres joven, siempre tienes en mente lo que Roberto Clemente hizo." Y lo que hizo Clemente va mucho más allá de los estadios de béisbol. Era una persona tremendamente solidaria y nunca olvidó las dificultades que tienen los países latinoamericanos. De hecho, murió en un accidente aéreo cuando llevaba ocho toneladas de ayuda para los **damnificados de un terremoto** en Nicaragua. Él mismo había alquilado un **DC-7** por cuatro mil dólares.

damnificados de un terremoto: personas que perdieron sus casas y pertenencias en un fuerte temblor de tierra;
DC-7: tipo de avión

Después de leer

1 **Comprensión** Indica si lo que dicen las oraciones es **cierto** o **falso**. Corrige la información falsa.

1. Álex Rodríguez y David Ortiz son importantes jugadores de béisbol. _____

_____

2. Las familias de los dos vienen de países hispanos. _____

_____

3. Ortiz nació en los EE.UU. _____

_____

4. Rodríguez juega para los Mets. _____

_____

5. Roberto Clemente abrió las puertas de las Grandes Ligas para otros jugadores hispanos. _____

_____

6. Actualmente, Clemente vive en Nicaragua. _____

_____

2 **Tu opinión** Contesta las preguntas con oraciones completas.

1. ¿Qué otro deportista latino conoces que se destaque en los Estados Unidos? _____

_____

2. ¿Qué características debe tener un deportista para ser un ejemplo para la juventud? _____

_____

3. ¿Qué aportes crees que han realizado los deportistas latinos en los Estados Unidos? _____

_____

4. ¿Crees que es positivo para el béisbol que los jugadores profesionales ganen mucho dinero?

_____

5. ¿Cuál es tu equipo o deportista favorito? _____

_____

Lección 4

Escritura

Estrategia
Using a dictionary

A common mistake made by beginning language learners is to embrace the dictionary as the ultimate resource for reading, writing, and speaking. While it is true that the dictionary is a useful tool that can provide valuable information about vocabulary, using the dictionary correctly requires that you understand the elements of each entry.

If you glance at a Spanish-English dictionary, you will notice that its format is similar to that of an English dictionary. The word is listed first, usually followed by its pronunciation. Then come the definitions, organized by parts of speech. Sometimes the most frequently used definitions are listed first.

To find the best word for your needs, you should refer to the abbreviations and the explanatory notes that appear next to the entries. For example, imagine that you are writing about your pastimes. You want to write, "I want to buy a new racket for my match tomorrow," but you don't know the Spanish word for "racket." In the dictionary, you may find an entry like this:

racket s 1. alboroto; 2. raqueta (*dep.*)

The abbreviation key at the front of the dictionary says the s corresponds to **sustantivo** (*noun*). Then, the first word you see is **alboroto**. The definition of **alboroto** is *noise* or *racket*, so **alboroto** is probably not the word you are looking for. The second word is **raqueta**, followed by the abbreviation *dep.*, which stands for **deportes**. This indicates that the word **raqueta** is the best choice for your needs.

TEMA: Escribir un folleto

Antes de escribir

1 Tienes que escoger uno de estos temas para escribir un folleto. Lee las tres opciones y decide cuál vas a elegir.

▶ Este año, perteneces al comité que organiza el Festival para Ex Alumnos de tu escuela. Crea un folleto en el que menciones los eventos del viernes por la noche, del sábado y del domingo. Incluye una breve descripción de cada evento, la hora y el lugar en que se va a realizar. También incluye actividades para personas de diversas edades, ya que algunos ex alumnos van a venir con sus familias.

▶ Tú formas parte del Comité de Orientación para Estudiantes de Primer Año y eres el/la encargado/a de crear un folleto para los estudiantes nuevos que describe los programas deportivos que ofrece la escuela. Escribe el folleto incluyendo actividades para hombres y mujeres.

▶ Eres voluntario/a en el centro recreativo de tu comunidad. Tu trabajo es promocionar tu comunidad entre residentes potenciales. Escribe un breve folleto donde describas las oportunidades de esparcimiento que ofrece tu comunidad, los lugares donde se realizan las actividades y los precios, en caso de que los haya. Asegúrate de incluir actividades que les sean atractivas a personas solteras así como a personas casadas y a familias. Debes incluir actividades para todas las edades y para chicos y chicas.

Lección 4

2 Una vez que hayas escogido un tema, vuelve a leerlo y piensa en el vocabulario que vas a necesitar para escribir sobre este tema. Usa la tabla de abajo para anotar todas las palabras en español que recuerdes relacionadas con el tema. Después, repasa las listas de vocabulario al final de las **Lecciones 1–4** de tu libro de texto. Escribe todas las palabras de esas listas que pienses que pueden serte útiles. Finalmente, mira todas las palabras que escribiste. ¿Hay alguna palabra clave que recuerdes en inglés y que quisieras usar en español? Crea una lista de palabras en inglés que necesitas buscar en un diccionario.

Palabras en español relacionadas con el tema	Palabras adicionales de las listas de vocabulario	Palabras nuevas que necesito en español
		palabra en inglés : palabra en español

3 Busca tus palabras clave en un diccionario. Asegúrate de seguir el procedimiento que se describe en la **Estrategia.**

Escribir

Escribe tu folleto. Cuando estés escribiendo, consulta la tabla de vocabulario que hiciste. Ya que estás escribiendo un folleto, asegúrate de crear un título principal para la primera página. Luego, crea secciones dentro del texto y ponles subtítulos, como **Viernes por la noche, Sábado, Domingo, Deportes para los chicos, Deportes para las chicas, Oportunidades de esparcimiento, Lugar, Precios,** etc. Si quieres, agrega un dibujo, una foto o alguna otra imagen, pero asegúrate de que aporta información y atractivo al texto.

Después de escribir

1 Intercambia borradores con un(a) compañero/a. Haz comentarios sobre su trabajo contestando las siguientes preguntas:

▶ ¿Tu compañero/a cubrió detalladamente el tema que escogió?

▶ ¿Le puso tu compañero/a un título principal al texto e incluyó un subtítulo para cada sección?

▶ Si tu compañero/a incluyó imágenes, ¿ilustran éstas el texto que está cerca de ellas?

▶ ¿Usó tu compañero/a el vocabulario apropiado para describir el tema?

▶ ¿Usó tu compañero/a correctamente las formas de los verbos en el tiempo presente?

2 Ajusta tu folleto de acuerdo con los comentarios de tu compañero/a. Después de escribir la versión final, léelo otra vez para eliminar errores en:

▶ la ortografía

▶ la puntuación

▶ el uso de las mayúsculas

▶ el uso de los verbos en el presente de indicativo

▶ la concordancia entre sustantivos y adjetivos

contextos

1 **Crucigrama** Completa el crucigrama de acuerdo con cada definición.

Horizontales

2. encargado de ayudar a las personas con las maletas en un hotel
5. hombre que viaja
6. dormitorio de un hotel
8. conjunto de maletas y cosas que se llevan en los viajes
10. subirse a un caballo
11. documento para viajar a otro país
12. lugar de descanso junto a la costa

Verticales

1. donde paran los trenes o autobuses para subir y bajar pasajeros
3. lugar donde llegan los aviones
4. persona que se aloja en un hotel
7. instalarse en un lugar al aire libre, en una tienda
9. establecimiento donde se ofrece alojamiento y comida

2 **Vacaciones** Describe dos vacaciones ideales, una para el verano y otra para el invierno. Habla sobre el lugar adonde vas, cuándo vas, qué haces allí, cómo llegas. Agrega toda la información que creas adecuada.

Verano: _____

_____

_____

Invierno: _____

_____

_____

Lección 5

3   Tu viaje Imagina que vas a salir de vacaciones con toda la clase. Escribe un párrafo para describir adónde van a ir, en qué van a viajar, qué lugares van a visitar y qué actividades quieren realizar. Utiliza por lo menos ocho palabras o frases de la lista.

acampar	habitación doble	paisaje	planta baja
campo	hacer las maletas	pasaje	playa
estación de buses	ir de compras	piso	salida

_____

_____

_____

_____

4   Pon orden Completa las oraciones con el número ordinal que corresponde.

1. Octubre es el _____ mes del año.

2. El verano comienza en el _____ mes del año.

3. El otoño comienza en el _____ mes del año.

4. El Año Nuevo es en el _____ mes del año.

5. Agosto es el _____ mes del año.

6. El día de San Patricio es en el _____ mes del año.

5   El tiempo Responde a las preguntas con oraciones completas.

1. ¿Qué te gusta hacer en invierno? _____

   _____

2. ¿Cómo es el tiempo en verano en el lugar en donde vives? _____

   _____

3. ¿Cuál puede ser la temperatura máxima en donde vives? _____

   _____

4. ¿Y cuál puede ser la temperatura mínima? _____

   _____

5. ¿Cómo es el tiempo en primavera? _____

   _____

6   La peor estación ¿Qué estación del año te gusta menos? ¿Por qué? Piensa en tres razones para justificar tu elección. Escribe un párrafo con tus justificaciones. Usa al menos ocho palabras o frases que aprendiste en esta lección.

_____

_____

_____

_____

Lección 5

pronunciación y ortografía

La **b** y la **v**

En español, no hay diferencia de pronunciación entre las letras **b** y **v**. Sin embargo, cada una puede pronunciarse de dos maneras diferentes, dependiendo de las letras que están junto a ella. Es por esto que cuando se deletrean las palabras, se debe especificar "be grande" para **b** y "ve chica" para **v**.

| **b**ueno | **v**óleibol | **b**i**b**lioteca | **v**i**v**ir |

La **b** y la **v** tienen una pronunciación fuerte, como en **burro**, cuando son la primera letra de una palabra, cuando están al principio de una frase y cuando están después de **m** o **n**.

| **b**onito | **v**iajar | tam**b**ién | in**v**estigar |

Recuerda que después de **m** siempre va **b** y después de **n** siempre va **v**.

| am**b**iguo | in**v**ierno | tem**b**lar | en**v**iar |

En todas las demás posiciones, **b** y **v** se pronuncian con más suavidad. A diferencia del sonido fuerte, que se pronuncia cerrando firmemente los labios y aguantando el flujo de aire, el sonido suave se produce dejando los labios ligeramente abiertos.

| de**b**er | no**v**io | a**b**ril | cer**v**eza |

En ambas pronunciaciones, no hay diferencia de sonido entre **b** y **v**. El sonido v del inglés, que se produce por la fricción entre los dientes superiores y el labio inferior, no existe en español.

El pretérito de algunos verbos como **estar** y **andar,** se escribe con **v**. En muchos verbos como **cantar** y **soñar**, el imperfecto se escribe con **b**. Sin embargo, en ambos casos **b** y **v** tienen un sonido suave porque van entre vocales. Mientras vas aprendiendo los tiempos verbales, fíjate en qué letra debes usar en cada caso. Así puedes evitar errores comunes.

Pretérito irregular: estu**v**e, tu**v**ieron, andu**v**iste
Imperfecto de verbos terminados en -*ar*: canta**b**a, soña**b**an, esta**b**as

Práctica

1 **Completar** Completa el texto con **b** o **v** según creas conveniente.

El ____erano pasado, cuando esta____a de ____acaciones en el Cari____e, fui a una playa mara____illosa con mis tíos y primos. Allí caminá____amos por la orilla del mar todas las mañanas, a ____eces jugá____amos ____ólei____ol o ____aloncesto con otros ____isitantes y también comíamos en los restaurantes del lugar. Pasamos unos días excelentes y estu____imos hospedados en un hotel de am____iente muy agrada____le. El último día de nuestro ____iaje, fuimos de paseo en un ____arco de ____ela por toda la ____ahía. Nunca ____oy a ol____idar esos increí____les días. ¡Ojalá que el año que ____iene tam____ién me in____iten a ir con ellos!

Lección 5

cultura

El Camino Inca

Larry despierta muy temprano, levanta su campamento, llena su botella de agua en un arroyo, toma un desayuno ligero y comienza su día. Esta noche, a él y a su grupo les parecerán fáciles las siete millas que caminaron ayer hasta una altura de 9,700 pies. Hoy, los excursionistas recorrerán siete millas hasta una altura de 14,000 pies, cargando durante todo el camino mochilas que pesan cincuenta libras.

Larry está en un recorrido único: el Camino Inca. Entre 1438 y 1533, cuando el vasto y poderoso Imperio Incaico estaba en su apogeo, los incas construyeron una elaborada red de caminos que atravesaban las montañas de los Andes y llegaban a la capital del imperio, Cuzco. Actualmente, cientos de miles de turistas viajan anualmente a Perú para recorrer los caminos que perduraron y para disfrutar de los espectaculares paisajes.

El sendero más popular, el Camino Inca, va desde Cuzco hasta Machu Picchu, la antigua ciudad construida sobre una montaña. Los excursionistas casi siempre optan por un itinerario guiado de cuatro días, que comienza en un puente colgante sobre el río Urubamba y termina en Intipunku *(Puerta del Sol)*, la entrada a Machu Picchu. Los guías se encargan de los campamentos, de la comida para los viajeros y de reservar una noche en un hostal en la ruta.

Para conservar el Camino Inca, el Instituto Nacional Cultural de Perú limita el número de excursionistas a quinientos al día. Los que realicen el viaje deben registrarse por adelantado y tener buena condición física para enfrentar el **soroche** y las exigencias del terreno.

Sitios destacados del Camino Inca

Warmiwañusqua *(Paso de la mujer muerta)*, a 13,800 pies de altura, es la primera muestra que los excursionistas tienen del sol y viento extremos de los Andes.

Sayacmarca *(Ciudad inaccesible)* son las ruinas de una fortaleza enclavada en un acantilado escarpado.

Phuyupatamarca *(Ciudad en las nubes)* es una ciudad antigua con baños de piedra, probablemente usados para rendir culto al agua.

Wiñay Wayna *(Por siempre joven)*, cuyo nombre proviene de la orquídea rosada nativa del área, es famosa por sus innovadoras terrazas agrícolas que transformaron la ladera de la montaña en tierra cultivable.

---

soroche: en Suramérica, cansancio y falta de aire en la montaña

1 **Comprensión** Responde a las preguntas con oraciones completas.

1. ¿Qué itinerario prefieren los turistas para recorrer el Camino Inca? ¿Por qué?

_____

2. ¿Por qué crees que el Instituto Nacional Cultural de Perú protege el Camino Inca?

_____

3. ¿Dónde ven los visitantes por primera vez la fuerza de la naturaleza del lugar?

_____

4. ¿Por qué crees que el Camino Inca es un lugar tan visitado por los turistas?

_____

5. ¿Conoces algún lugar de valor histórico en el país del que proviene tu familia? ¿Cuál?

_____

Lección 5

estructura

5.1 Estar para condiciones y emociones

El verbo **estar** a veces se usa con adjetivos para hablar sobre los estados emocionales y las condiciones físicas.

Condición física	**Estado emocional**
El cuarto **está** desordenado.	Daniel **está** alegre.
El vestido **está** arrugado.	**Estoy** desesperado.
¡Caramba! **Estás** pálida.	Carmen y Ana **están** nerviosas.
Mi abuela **está** enferma.	El profesor **está** preocupado.

▶ Para indicar un estado de salud, a veces al verbo **estar** lo sigue un adverbio. En estos casos suele cometerse el error de usar los adjetivos **bueno** y **malo**, pero eso no es correcto.

—¿Cómo estás?   —¿Cómo está Juan?
—**Estoy bien**, gracias, ya   —**Está mal.**
me siento mucho mejor.   —¿Qué, está enfermo?
—Me alegro.   —No, está deprimido.

▶ Para indicar un estado emocional o una condición física, se usa el verbo **estar** y no el verbo **ser**.

Estoy cansado.   **Está** sentada.
Están solos.   **Estoy** listo.

▶ Existen otras expresiones que se usan con el verbo **estar** para indicar estados emocionales o condiciones físicas.

Otras expresiones con estar			
estar a gusto	*to feel comfortable/at ease*	**estar en forma**	*to be fit*
estar al tanto	*to be up to date; to know*	**estar entre la espada y la pared**	*to be between a rock and a hard place*
estar de moda	*to be in fashion*		
estar de paso	*to be visiting/passing through*	**estar frito**	*to be done for*
		estar harto	*to be fed up*
estar de visita	*to be visiting*	**estar muerto de cansancio**	*to be exhausted*
estar en apuros	*to be in a predicament/ difficult situation*	**no estar de humor**	*to be in no mood*

Estoy harto de tus mentiras.

Estamos de visita en casa de la tía Mariana.

Está de pie junto a la puerta.

¿No **estás harto** de tantas malas noticias?

Práctica

1 **Identificar** En la página anterior, lee las ocho primeras oraciones modelo. Escribe aquí los
adjetivos que acompañan al verbo **estar.**

_____   _____

_____   _____

_____   _____

_____   _____

2 **Oraciones** Escribe oraciones completas con el verbo **estar** y los elementos dados. Agrega
todas las palabras que creas necesarias. ¡Sé creativo/a!

> **modelo**
>
> empleado / en apuros
> El empleado del hotel está en apuros porque perdió las llaves de todos los huéspedes.

1. huésped / listo

_____

2. viajeros / preocupados

_____

3. tú / a gusto

_____

4. botones / cansado

_____

5. yo / feliz

_____

6. nosotros / de visita

_____

3 **La prima** Tu prima Cristina y tú acordaron viajar juntos/as a la reunión familiar anual.
Cristina llega tarde y pierden el vuelo. Tú te molestas por lo sucedido. Escribe lo que piensas
y sientes en ese momento. Recuerda usar **estar** y algunas expresiones que se usan
con este verbo.

_____

_____

_____

_____

_____

_____

_____

_____

Lección 5

5.2 El presente progresivo

▶ El presente progresivo se usa para describir acciones en progreso. En español este tiempo verbal se forma con el presente de **estar** seguido del gerundio del verbo que expresa la acción.

▶ El gerundio de los verbos regulares terminados en **-ar**, **-er** e **-ir** se forma así:

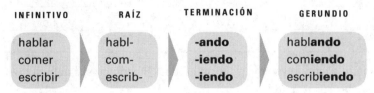

INFINITIVO	RAÍZ	TERMINACIÓN	GERUNDIO
hablar	habl-	-ando	hablando
comer	com-	-iendo	comiendo
escribir	escrib-	-iendo	escribiendo

▶ Hay varios verbos terminados en **-ir** que son irregulares en el gerundio porque tienen un cambio en la raíz.

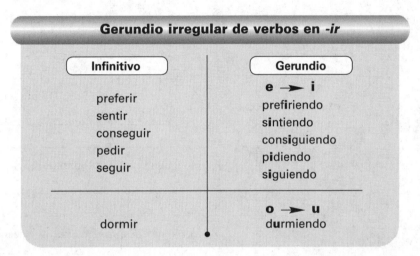

Gerundio irregular de verbos en -ir

Infinitivo	Gerundio
	e → i
preferir	prefiriendo
sentir	sintiendo
conseguir	consiguiendo
pedir	pidiendo
seguir	siguiendo
	o → u
dormir	durmiendo

▶ No debes olvidar que, para los verbos terminados en **-er** o **-ir**, cuando la raíz termina en vocal, el gerundio termina en **–yendo**.

> leer ➤ le ➤ le**yendo**   oír ➤ o ➤ o**yendo**   traer ➤ tra ➤ tra**yendo**

▶ El presente progresivo se usa mucho menos en español que en inglés. En español, el presente progresivo se usa principalmente para enfatizar que una acción está en desarrollo en el momento en que se habla.

> Nicolás **está jugando** a las cartas en **este instante.**

> **Esta semana estoy leyendo** un libro sobre las Playas del Caribe.

▶ Muchas veces lo que en inglés se dice con el gerundio, en español se dice con el infinitivo.

> **Viajar** es un placer.
> *Traveling is a pleasure.*

> Ésa es su forma de **divertirse**.
> *That is his/her way of having fun.*

▶ Para formar el presente progresivo, existen otros verbos que se pueden usar en vez de **estar**. Algunos de ellos son **andar, seguir, ir** y **venir**, entre otros.

> **Sigo pensando** en la prueba de química.

> **Vamos cruzando** el río Guadalquivir.

Lección 5

Práctica

1 **Gerundios** Escribe el gerundio de los verbos.

1. dormir _____   5. poder _____

2. ir _____   6. preferir _____

3. leer _____   7. traer _____

4. oír _____   8. venir _____

2 **Describir** Mira la imagen y responde a las preguntas. Usa oraciones completas y el presente progresivo para escribir tus respuestas.

1. ¿Qué hace Marcelo?

   Marcelo está leyendo el periódico en el aeropuerto.

2. Y tú, ¿qué haces?

   _____

   _____

3. ¿Qué hacen los Sres. Domínguez?

   _____

   _____

4. ¿Quién mira los aviones?

   _____

   _____

5. Y ustedes, ¿qué tratan de hacer?

   _____

   _____

6. ¿Y qué hago yo?

   _____

   _____

3 **El centro recreativo** Imagina que estás con tu familia en un centro recreativo. El lugar tiene cancha de tenis, piscina y salón de baile. En la playa se puede pescar, bucear y montar a caballo. Escribe un correo electrónico a un(a) amigo/a contándole lo que están haciendo tus familiares y tú en ese lugar. Usa el presente progresivo y el infinitivo.

_____

_____

_____

_____

_____

_____

_____

_____

5.3 Ser y estar

▶ Ya sabes que los verbos **ser** y **estar** corresponden al verbo *to be*, pero que en español se usan con diferentes propósitos. El verbo **estar** generalmente se refiere a una característica temporal, pasajera. En cambio, el verbo **ser** frecuentemente se refiere a una característica permanente.

> **Estoy** alegre de poder
> salir este verano.

> **Soy** moreno igual
> que mis padres.

▶ Sin embargo, existen algunas excepciones. El verbo **estar**, por ejemplo, a veces puede usarse para referirse a algo permanente y el verbo **ser**, para referirse a algo temporal.

> Los dinosaurios **están** muertos.

> **Son** las cinco de la tarde.

> Esos chicos **están** locos.

> Actualmente **es** muy feliz.

▶ Algunos adjetivos, como **casado/a, viudo/a, divorciado/a, soltero/a** pueden usarse con los verbos **ser** y **estar** sin que cambie mucho su significado. Sin embargo, si queremos especificar o dar más datos, debemos usar el verbo **estar**.

> Irene **está** casada con Miguel.

> La recepcionista **es** casada.

> Mis hijos **están** solteros porque primero
> quieren terminar sus estudios.

> Sr. Matínez, ¿**es** usted
> soltero o casado?

▶ Muchos adjetivos cambian de significado según se usen con **ser** o con **estar.** Aquí tienes algunos de ellos.

Con *ser*	Con *estar*
Esta flor **es delicada**. (frágil)	Ana **está delicada** de salud. (enferma)
Tus niños **son** muy **despiertos**. (inteligentes, listos)	¿Tus niños todavía **están despiertos**? (que no se han dormido)
Eres muy **duro** con Marta. (estricto, rígido)	Este asiento **está duro**. (incómodo)
Éste **es** un asunto muy **grave**. (serio)	El pasajero **está** muy **grave**. (que tiene problemas de salud)
Ellas **son** muy **interesadas**. (que se dejan llevar por el interés)	Ellas **están interesadas** en las pirámides. (que quieren saber más sobre algo)
Ernesto **es** un joven **maduro**. (sensato, juicioso)	Este melocotón **está maduro**. (que una fruta o verdura está lista para comerse)

Práctica

1 **Oraciones** Escribe oraciones completas con los elementos dados. Haz los cambios que consideres adecuados y agrega todas las palabras necesarias.

> **modelo**
>
> platos / ser / delicado
> **Estos platos son muy *delicados*, son de una porcelana muy fina.**

1. yo / ser / maduro

   _____

2. mis padres / estar / interesado

   _____

3. mi sobrina / ser / despierto

   _____

4. manzanas / estar / maduro

   _____

5. tú / estar / despierto

   _____

6. Sabrina / ser / interesado

   _____

2 **En el hotel** Mira la imagen y escribe oraciones completas usando **ser** y **estar** para describir a las personas.

1. _____

_____

2. _____

_____

3. _____

_____

4. _____

_____

5. _____

_____

6. _____

_____

Lección 5

5.4 Sustantivos y pronombres de objeto directo

▶ El sustantivo de objeto directo recibe la acción del verbo directamente. Un pronombre de objeto directo es el pronombre que reemplaza al sustantivo de objeto directo. Los pronombres de objeto directo son **me, te, lo, la** (en singular) y **nos, os, los, las** (en plural).

CON SUSTANTIVO DE OBJETO DIRECTO	CON PRONOMBRE DE OBJETO DIRECTO
Mónica hace **sus maletas**.	Mónica **las** hace por la noche.
Bernardo visita a **sus tíos**.	Bernardo **los** visita en verano.
Alexis recibe **el pasaporte**.	Alexis **lo** recibe feliz.

▶ Cuando se usa con presente progresivo, el pronombre de objeto directo se puede colocar antes de los verbos o unido al verbo en gerundio. Para este último caso, se debe agregar una tilde al verbo.

Brenda está haciendo las maletas.

Brenda **las** está haciendo.

Brenda está haciéndo**las**.

Usos de la *a* personal

▶ En español, cuando el sustantivo de objeto directo es una persona, va precedido de la preposición **a**. Si el objeto directo no es una persona, no lleva la preposición **a**.

Encontré **a** Marcela en la playa.

Encontré un billete arrugado en la maleta.

▶ La preposición **a** se usa también ante sustantivos de objeto directo que son mascotas, ya que muchas personas ven a sus animales como si fueran personas. Si no se trata de mascotas, no se usa la preposición **a**.

Encontré **a** <u>mi gato</u> durmiendo.

Encontré <u>una lagartija</u> en el jardín.

▶ También se usa la preposición **a** cuando la oración se refiere a una cosa personificada, como una idea, un lugar o un objeto.

Temo **a** <u>la soledad</u>.

Peino **a** <u>mi muñeca</u>.

▶ En algunos casos, la preposición **a** se usa para evitar una ambigüedad.

El elefante mató **a** la pantera.

El título precede **a** la foto.

▶ El verbo **tener** es un caso especial. Cuando este verbo significa poseer, no se usa la preposición **a**, pero cuando significa tener a alguien en algún lugar, sí se usa.

Tengo tres excelentes hijos.

Tengo a mis hijos en la cuna.

▶ **¡Atención!** Para los sustantivos de objeto directo, nunca debes usar **le** ni **les**, ni siquiera cuando se trate de una persona.

Lección 5

Lección 5 Cuaderno para hispanohablantes

Práctica

1 **Conjugar** Convierte los sustantivos a pronombres de objeto directo unidos a los verbos.

> **modelo**
>
> (Pamela / comprar / una postal) *Pamela está comprándola.*

1. (Néstor y David / tomar / fotografías) _____

2. (Fernando / ver / la película) _____

3. (La Sra. Romero / buscar / los pasajes) _____

4. (Nosotras / admirar / el paisaje) _____

2 **Entrevista** Completa esta entrevista a Marina, una auxiliar de vuelo. Escribe una o dos oraciones completas para responder a cada pregunta. Usa un pronombre de objeto directo por lo menos en una de las dos oraciones.

> **modelo**
>
> **REPORTERO** ¿Visita seguido a sus padres?
> **MARINA** *Sí, los visito dos veces al mes.*

1. **REPORTERO** ¿Habla español con fluidez?

   MARINA _____

2. **REPORTERO** ¿Cómo la tratan los pasajeros?

   MARINA _____

3. **REPORTERO** ¿Cuándo toma vacaciones?

   MARINA _____

4. **REPORTERO** ¿Cuándo ve a sus hijos?

   MARINA _____

5. **REPORTERO** ¿Siempre lleva su teléfono celular a sus viajes?

   MARINA _____

3 **En la playa** Tu familia y tú están en la playa. Escribe un párrafo narrativo para contar lo que hacen allí. ¿Se toman fotos? ¿A quiénes ven? ¿Qué encuentran en la orilla? ¿Qué objetos van a llevar a casa? Usa la mayor cantidad de pronombres de objeto directo que puedas. Usa la preposición **a** cuando corresponda.

_____

_____

_____

_____

_____

_____

_____

_____

Lección 5

Lectura

Antes de leer

Según tu opinión, ¿qué hace que una ciudad sea hermosa? ¿Qué diferencia hay entre una ciudad que es buena para visitar y una que es buena para vivir?

_____

_____

_____

Para	De	Asunto

Para: Mamá
De: Manolo
Asunto: Saludos desde Puerto Rico

Hola, mamá:

Como ya sabes, hace tres días que estoy en Puerto Rico con mi hermanita y los abuelos. Planeamos estar aquí por dos semanas y el clima es ideal. Ni mucho frío ni mucho calor. Ya ves que es la primera vez que Brenda y yo visitamos este hermoso país, así que ya te imaginarás que estamos muy contentos de hacer este viaje.

Todo fue muy rápido: confirmar el vuelo, hacer la reservación del hotel, arreglar el equipaje, tomar el pasaporte e ir al aeropuerto. El taxi se quedó sin gasolina a la mitad del camino y tuvimos que ir en autobús. Yo estaba muy nervioso y preocupado. Llegamos cinco minutos antes de que el avión despegara. Tuvimos mucha suerte y ¡todo gracias a unas camisetas! ¿Y cómo es eso? Pues la agencia de viajes les regaló a los abuelos unas camisetas que decían ¡*Viva Puerto Rico*!. El inspector de aduanas miró las camisetas y nos hizo pasar a prisa. Unos amables empleados nos llevaron a la salida justo a tiempo.

Estamos hospedados en un hotel de San Juan. Ayer visitamos el sector histórico de San Juan con edificios, iglesias y balcones muy bien conservados. Allí, un guía turístico nos contó que San Juan es conocida como "La Ciudad Amurallada", y que fue construida en una isleta allá por el año de 1521 por Juan Ponce de León. Él ayudó a diseñar la ciudad, supervisó las construcciones y determinó qué estructuras debían ser construidas y dónde. También nos dijo que el Viejo San Juan es defendido por dos fortalezas: El Morro y Fuerte San Cristóbal, y que muchos de los sitios del área de la vieja ciudad son lugares históricos reconocidos mundialmente.

En la tarde fuimos a San Felipe del Morro, una **fortificación** ubicada frente al mar Caribe. El paisaje es ideal para tomar fotos; de hecho, es el lugar más típico de Puerto Rico.

Para	De	Asunto

Mañana vamos a hacer una excursión a El Yunque, un bosque tropical a una hora de San Juan por la costa. Es un paraíso, una joya de la naturaleza. El programa incluye caminatas, visitas a cascadas y observación de pájaros y otros animales nativos de la isla. Necesitamos ropa cómoda y una muda adicional, ¡por si nos caemos al agua!

Nos vemos muy pronto. Brenda te manda muchos besos. Tenemos muchas fotos y grabaciones. Te compramos un **güiro** en el mercado de artesanías.

Un abrazo y hasta pronto,
Manolo

fortificación: construcción que se levanta para defender una posición militar; **güiro:** instrumento de percusión que tiene como caja una calabaza

Después de leer

1 **Comprensión** Responde a las preguntas con oraciones completas.

1. ¿Qué es para Manolo un clima ideal?

   _____

2. ¿Por qué El Yunque se considera un paraíso?

   _____

3. ¿Por qué Manolo y sus familiares tuvieron que cambiar de medio de transporte para llegar al aeropuerto?

   _____

4. ¿Qué importancia tiene Juan Ponce de León para San Juan de Puerto Rico?

   _____

5. ¿Cuál era el sistema de seguridad que defendía a la ciudad de San Juan?

   _____

6. ¿Con qué otro nombre se conoce la ciudad de San Juan?

   _____

2 **Interpretación** Contesta las preguntas con oraciones completas.

1. ¿Cuáles son los atractivos principales de la región en donde vives? Describe al menos dos.

   _____

2. Imagina que estás planeando tus próximas vacaciones, ¿adónde vas a ir? ¿Por qué?

   _____

3. ¿Qué precauciones tomas para asegurarte de tener un viaje seguro y sin contratiempos? Menciona cuatro.

   _____

4. ¿Qué sensaciones experimentas cuando preparas un viaje?

   _____

Lección 5

Escritura

Estrategia

Making an outline

When we write to share information, an outline can serve to separate topics and subtopics, providing a framework for the presentation of data. Consider this excerpt from an outline of the tourist brochure on pages 180–181 of your textbook.

IV. Excursiones

    A. Bahía Fosforescente

        1. Salidas de noche

        2. Excursión en barco

    B. Parque Nacional Foresta

        1. Museo de Arte Nativo

        2. Reserva Mundial de la Biosfera

Mapa de ideas

Idea maps can be used to create outlines. (To review the use of idea maps, see **Lección 3 Escritura**.) The major sections of an idea map correspond to the Roman numerals in an outline. The minor idea map sections correspond to the outline's capital letters, and so on. Consider the idea map that led to the outline above.

TEMA: Escribir un folleto

Antes de escribir

1 Vas a escribir un folleto turístico para un hotel o centro turístico, real o imaginario. Para hacer un esquema o un mapa de ideas, selecciona información de cada una de las siguientes categorías. No olvides incluir al menos cuatro secciones secundarias en tu folleto o mapa de ideas. Si seleccionaste un hotel o centro turístico real y necesitas más ideas, busca información sobre él en Internet.

Lección 5

I. II. III. IV. (Secciones principales)	A. B. C. D. (Secciones secundarias)	1. 2. 3. 4. (Detalles de las secciones secundarias)
▶ nombre del hotel/centro turístico	▶ descripción del exterior, del interior, de los alrededores, de las actividades ▶ cómo contactarlo	▶ clima ▶ atractivos culturales ▶ atractivos naturales ▶ geografía del lugar ▶ actividades recreativas ▶ distribución y equipamiento de las habitaciones ▶ instalaciones interiores ▶ jardines ▶ instalaciones exteriores ▶ números de teléfono y fax ▶ dirección del sitio web ▶ dirección electrónica

2 Cuando hayas creado tu esquema, piensa en cualquier información que no esté en las categorías de arriba y que te gustaría incluir; agrégala a las secciones apropiadas.

Escribir

Usa tu esquema o mapa de ideas para crear el borrador de un folleto turístico para el hotel o centro turístico que escogiste. Escribe un título para el folleto y un título para cada una de las secciones secundarias. Cada sección secundaria debe llevar su propio título y debe estar separada de las otras secciones. Si deseas incluir dibujos o imágenes bajadas de Internet, colócalos junto a secciones del texto relacionadas con ellos.

Después de escribir

Intercambia tu esquema y tu borrador con el de un(a) compañero/a de clase. Coméntalos y contesta estas preguntas.

▶ ¿Se relacionan bien el borrador de tu compañero/a con su mapa de ideas?

▶ ¿Incluyó tu compañero/a al menos cuatro secciones secundarias en el folleto?

▶ ¿Tiene cada sección secundaria su propio título?

▶ ¿Incluye en cada sección secundaria algunos detalles adicionales sobre ese tema?

▶ Si tu compañero/a incluyó imágenes, ¿ayudan esas imágenes a ilustrar el texto que acompañan?

▶ ¿Usó tu compañero/a correctamente los verbos **ser** y **estar** para describir el lugar?

▶ ¿Usó tu compañero/a correctamente los verbos en presente?

▶ ¿Incluyó tu compañero/a adjetivos para describir con detalle el lugar?

3 Revisa tu borrador de acuerdo con los comentarios de tu compañero/a. Después de escribir la versión final, léela otra vez para eliminar errores en:

▶ la ortografía

▶ la puntuación

▶ el uso de letras mayúsculas y minúsculas

▶ la concordancia entre sustantivos y adjetivos

▶ el uso de los verbos **ser** y **estar**

▶ el uso de las formas verbales

Lección 5

contextos

1 **Agrupa** Escribe el nombre de por lo menos tres piezas de ropa que correspondan a cada palabra.

1. verano: _____

2. mujeres: _____

3. calzado: _____

4. hombres: _____

5. invierno: _____

2 **Responder** Escribe una oración completa para responder a cada pregunta.

1. ¿Qué compras en el centro comercial y con qué pagas?

_____

2. ¿Con ropa de qué color hacen juego los bluejeans?

_____

3. ¿Cuál es tu combinación de ropa favorita?

_____

4. ¿Qué color es el que más te gusta?

_____

3 **Regatear** En la imagen, Mariela regatea con el vendedor por el precio de un producto de la tienda. Mariela considera que está demasiado caro. Finalmente llegan a un acuerdo. Escribe un diálogo que refleje esta conversación.

> **modelo**
>
> **VENDEDOR** El precio del suéter es de $250.
> **MARIELA** Me parece que es demasiado caro.

1. **VENDEDOR** _____

_____

2. **MARIELA** _____

_____

3. **VENDEDOR** _____

_____

4. **MARIELA** _____

_____

5. **VENDEDOR** _____

_____

6. **MARIELA** _____

_____

4 Fin de semana Describe la ropa que llevas cuando vas a cada lugar.

> *modelo*
>
> El cine: *Cuando voy al cine llevo bluejeans, camiseta y zapatos de tenis.*

1. el gimnasio: _____
2. relajándote en casa: _____
3. la playa: _____
4. una cena elegante: _____
5. el primer día de clases: _____
6. el día más frío del año: _____

5 Los colores Describe la ropa que lleva cada persona y de qué color es.

> *modelo*
>
> abogado: *Un abogado lleva un traje gris, una camisa blanca y una corbata azul.*

1. bombero: _____
2. policía: _____
3. doctora: _____
4. auxiliar de vuelo: _____
5. beisbolista: _____
6. carpintero: _____

6 Desfile de modas Llega el invierno y en tu escuela se realiza un desfile de modas con creaciones realizadas por los propios alumnos. Tú eres el presentador de las/los modelos y de su indumentaria. Escribe detallando la ropa que llevan, su colorido y los accesorios.

> *modelo*
>
> Anita, nuestra hermosa modelo, luce un elegante vestido negro con un fino cinturón dorado. Es especial para llevar en una cena formal.

_____
_____
_____
_____
_____
_____
_____
_____
_____

pronunciación y ortografía

Falsos cognados

Los cognados son dos palabras que se escriben igual o de forma similar en inglés y en español. Estas palabras significan lo mismo en ambos idiomas. Los falsos cognados son palabras que se escriben igual o de forma similar en inglés y en español, pero tienen significados diferentes.

FALSOS COGNADOS

En español	significa...	En inglés	significa...
actual	presente, contemporáneo	actual	verdadero, real
billón	un millón de millones (1.000.000.000.000)	billion	mil millones (1.000.000.000)
campo	terreno extenso sin poblar	camp	campamento
carpeta	utensilio de cartón/plástico para guardar papeles	carpet	alfombra
decepción	desilusión, desencanto	deception	engaño
disgusto	enojo, enfado	disgust	asco, repugnancia
éxito	triunfo, victoria	exit	salida
fábrica	complejo industrial	fabric	tela, tejido
ganga	algo que se obtiene por un bajo costo	gang	pandilla
genial	sobresaliente, magnífico	genial	cordial, simpático
idioma	lengua, lenguaje	idiom	modismo
largo	de mucha longitud	large	grande
lectura	acción de leer; obra leída	lecture	conferencia, disertación, clase
librería	lugar donde se venden libros	library	lugar donde se conservan y estudian libros
noticia	hecho, inédito, que se da a conocer	notice	anuncio
realizar	hacer, efectuar	realize	darse cuenta
recordar	acordarse de algo	to record	almacenar imágenes o sonidos en un medio que se pueda reproducir
sensible	impresionable, sensitivo	sensible	sensato, razonable
suceso	hecho, evento	success	éxito, triunfo

1 **Falsos cognados** Completa cada oración con la palabra más adecuada. Escoge la palabra del cuadro de arriba.

1. ¡Qué _____! Compré estas botas por $50.00.

2. Sentí una gran _____ cuando vi que la tienda había cerrado.

3. Si me esfuerzo, tendré _____ en mi vida.

4. Me acaban de dar la _____ de que pasé el examen.

cultura

Los mercados al aire libre

Los mercados al aire libre en el mundo hispano son una parte importante del comercio y la cultura, en la que interactúan vecinos, turistas y vendedores diaria o semanalmente. La gente acude al mercado a comprar, socializar, probar comidas típicas y presenciar espectáculos callejeros. Se puede simplemente deambular de puesto en puesto, viendo frutas y vegetales frescos, ropa, discos compactos, DVDs, joyas, tapices, cerámicas y artesanías. También se pueden encontrar mercancías usadas en estos mercados, como antigüedades, ropa y libros.

Cuando los compradores ven un objeto que les gusta, pueden regatear su precio con el vendedor. El regateo amistoso es un ritual esperado y a menudo finaliza cuando el precio baja aproximadamente un veinticinco por ciento.

Ocasionalmente los vendedores pueden regalar al cliente una pequeña cantidad adicional del producto que compran; esta cantidad agregada se llama añadidura (España), ñapa (Suramérica) o pilón (México).

Muchos mercados al aire libre también son atracciones turísticas. El mercado de Otavalo, en Ecuador, es famoso a nivel mundial y se instala cada sábado desde los tiempos preincaicos. Este mercado es conocido por sus coloridas telas tejidas por los otavaleños. También se pueden encontrar allí artículos de cuero y tallados en madera hechos en las ciudades cercanas. Otro mercado popular es El Rastro, que se instala cada sábado en Madrid, España. Los vendedores colocan puestos a lo largo de las calles para mostrar sus mercancías, que van desde arte local y antigüedades hasta ropa y electrodomésticos baratos.

En Valdivia, al sur de Chile, funciona diariamente un mercado al aire libre muy especial. Se trata del pintoresco mercado fluvial en el río Calle Calle. En él se venden pescados y mariscos que los pescadores artesanales ofrecen **a viva voz.** Allí no sólo se venden productos del mar, sino también agrícolas, como patatas, calabazas y manzanas. Todo esto ocurre mientras los **lobos marinos** observan a centímetros de la orilla, esperando que alguien les arroje algún pescado.

a viva voz: en voz muy alta; **lobos marinos:** mamíferos marinos cuyas extremidades tienen forma de aleta

---

1 **Comprensión** Responde a las preguntas con oraciones completas.

1. ¿Qué puedes hacer en los mercados al aire libre además de comprar?

   _____

2. ¿Qué puede obtener un comprador con el regateo y la añadidura?

   _____

3. Además de las utilidades económicas provenientes de la compra y venta de bienes, ¿qué otros beneficios puede traer un mercado al aire libre para la comunidad?

   _____

4. Si fueras un guía que muestra una ciudad a un grupo de turistas, ¿qué ventajas destacarías de los mercados al aire libre en relación con otros tipos de establecimientos comerciales? Explica.

   _____

5. ¿Cuál de los tres mercados descritos en la lectura te llama más la atención?

   _____

estructura

6.1 Saber y conocer

▶ El verbo **saber** es irregular en el presente de la forma **yo: sé**, que se escribe con tilde para diferenciarla del pronombre **se**. El verbo **conocer** también es irregular en el presente de la forma **yo: conozco**, que se escribe con **z**, *nunca* con **s**.

Los verbos **saber** y **conocer**		
	saber	**conocer**
FORMAS EN SINGULAR		
yo	**sé**	**conozco**
tú	sabes	conoces
Ud./él/ella	sabe	conoce
FORMAS EN PLURAL		
nosotros/as	sabemos	conocemos
vosotros/as	sabéis	conocéis
Uds./ellos/ellas	saben	conocen

▶ **Saber** significa tener el conocimiento de cierta información o tener la habilidad para hacer algo.

Mi hermana **sabe** dónde están tus libros.

¿**Sabes** tocar algún instrumento musical?

▶ El infinitivo del verbo **saber** se escribe con **b**, por lo tanto todas las formas de este verbo que tienen la raíz **sab-** deben escribirse con **b**, *nunca* con **v**: **sabe, sabías, sabremos**.

Gloria y Regina **saben** jugar ajedrez.

Luciana **sabía** que se ganaría el premio.

▶ **¡Atención!** El verbo **saber** tiene diferentes significados. Uno de ellos expresa el sabor que tiene algo: (**saber a**).

Esta sopa **sabe** a ajo.

Los camarones **saben** a quemado.

También se puede usar el verbo **saber** en el mismo sentido en que se usa el verbo **estar** cuando se refiere al sabor de una comida.

La comida **está** rica. ⟶ La comida **sabe** rica.

Estos frijoles **están** deliciosos. ⟶ Estos frijoles **saben** deliciosos.

▶ **Conocer** significa estar familiarizado con una persona, cosa o lugar.

Ustedes **conocen** al profesor Medina.

Conozco muy bien la ciudad de Lima.

▶ Los verbos **conducir, parecer, ofrecer** y **traducir** se conjugan como **conocer** y siguen la misma regla para la forma **yo**. En todos ellos, la **c** de la raíz **conoc-** cambia a **zc**.

Siempre **conduzco** con cuidado.

Me **parezco** a mi madre para regatear.

No **conozco** a tus amigos.

Te **ofrezco** mi ayuda.

Práctica

1 **Descripciones** Escribe oraciones completas con los verbos **saber** y **conocer** para describir a cada personaje.

> **modelo**
>
> Es una profesora.
> *Conoce a todos los alumnos de mi clase de matemáticas.*
> *Sabe cuando alguno tiene un problema con sólo mirarle la cara.*

1. Somos vendedores. _____

_____

_____

2. Soy un guitarrista. _____

_____

_____

3. Son carteros. _____

_____

_____

4. Eres un(a) cliente/a. _____

_____

_____

5. Es una agente de viajes. _____

_____

_____

2 **Preguntas** Responde a las preguntas con oraciones completas.

1. ¿Conoces bien la región en donde vives?

_____

2. ¿Sabes dónde está el centro comercial más cercano?

_____

3. ¿Conoces a algún/alguna diseñador(a) famoso/a? ¿Te gustan sus diseños?

_____

4. ¿Te sabes la letra de alguna canción en español? ¿De cuál?

_____

5. ¿Conoces a un(a) cantante famoso/a del país de donde proviene tu familia? ¿A quién?

_____

6. ¿Cómo sabe tu plato favorito?

_____

6.2 Pronombres de objeto indirecto

▶ El objeto indirecto recibe la acción del verbo en forma indirecta. Un pronombre de objeto indirecto es el pronombre que reemplaza al objeto indirecto. Los pronombres de objeto indirecto son **me, te, le** (singular) y **nos, os, les** (plural).

Belinda y yo **le** compramos
unos guantes a Sergio.

Juan Carlos **me** regala sus
gafas de sol.

▶ Los objetos indirectos reciben la acción del verbo de manera indirecta, a diferencia de los objetos directos, que la reciben directamente.

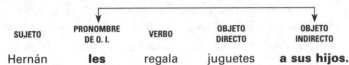

SUJETO	PRONOMBRE DE O. I.	VERBO	OBJETO DIRECTO	OBJETO INDIRECTO
Hernán	**les**	regala	juguetes	**a sus hijos.**

▶ Un objeto indirecto es un sustantivo o un pronombre que responde a la pregunta **¿A quién o para quién** se realiza una acción? En el ejemplo anterior, el objeto indirecto responde a la pregunta **¿A quién le regala juguetes Hernán?** Fíjate en estos ejemplos para diferenciar los objetos indirectos de los objetos directos.

OBJETO DIRECTO
Silvia compra **unos suéteres.**

PRONOMBRE DE O. D.
Silvia **los** compra.

OBJETO INDIRECTO
Silvia compra unos suéteres
para **sus hermanos.**

PRONOMBRE DE O. I.
Silvia **les** compra
unos suéteres.

OBJETO DIRECTO
Pablo describe **la imagen.**

PRONOMBRE DE O. D.
Pablo **la** describe.

OBJETO INDIRECTO
Pablo le describe la imagen a **Emilia.**

PRONOMBRE DE O. I.
Pablo **le** describe la imagen.

▶ **Le** y **les** son los pronombres correctos que se usan para objetos indirectos, sin importar que el objeto sea una persona. Por lo tanto, **le** y **les** no deben usarse para objetos directos, aunque el objeto sea una persona.

OBJETO INDIRECTO
¿Compras este sombrero?
Sí, **lo** compro.

OBJETO INDIRECTO
¿Le compras este sombrero a Martha?
Sí, **le** compro este sombrero.

Práctica

1 **Objetos directos e indirectos** Lee el siguiente párrafo. Rodea con un círculo cinco objetos directos y subraya cinco objetos indirectos.

Hoy visito el mercado de Otavalo, en Ecuador. Según el guía turístico, todos admiran a los tejedores indígenas. Hacen tejidos hermosos. Mientras paseamos por el mercado, le compro una falda a mamá. A papá le llevo un cinturón de cuero. También escojo un recuerdo para mis hermanos. Antes de volver a casa, les enviaré fotos de Ecuador a todos mis amigos. Los lugares hermosos son muchos. Le pregunto a una vendedora el precio de unas postales. Son muy baratas. Tomo diez postales y le doy el dinero a la señora. Me voy feliz. El guía también está contento. Encontró un sombrero lindísimo. Era caro, pero después de regatear un poco, el vendedor le hizo un pequeño descuento al guía. Volvemos al hotel. Le pido las llaves al empleado y subo a mi habitación. Guardaré muy bien estos tesoros en una maleta.

2 **De compras** Imagina que estás comprando muchos regalos en el centro comercial. Responde a las preguntas con oraciones completas. Usa los pronombres de objeto indirecto.

> **modelo**
>
> ¿Qué vas a llevar para tu mamá?
> Le voy a llevar una blusa anaranjada.

1. ¿Qué piensas comprar para tu mejor amigo/a? _____

_____

2. ¿Y qué vas a regalarle a tu papá? _____

_____

3. ¿También llevas regalos para tus compañeros de clase? _____

_____

4. ¿Vas a llevar algo para ti? _____

_____

5. ¿Y qué vas a comprar para mí? _____

_____

3 **Dependiente** Imagina que eres vendedor en un centro comercial. Escribe un párrafo para contar lo que haces en un día normal. En el párrafo debe haber diferentes pronombres de objeto indirecto. Usa por lo menos ocho de los siguientes verbos.

atender	escribir	mostrar	pagar	preguntar	vender
buscar	llevar	ofrecer	pedir	traer	

_____

_____

_____

_____

_____

_____

6.3 Pretérito de verbos regulares

▶ El pretérito se usa para expresar acciones o hechos que se completaron en el pasado.

Pretérito de los verbos que terminan en *-ar*, *-er* e *-ir*			
		-ar	**-er**	**-ir**
		comprar	**vender**	**escribir**
FORMAS SINGULARES	yo	compr**é**	vend**í**	escrib**í**
	tú	compr**aste**	vend**iste**	escrib**iste**
	Ud./él/ella	compr**ó**	vend**ió**	escrib**ió**
FORMAS PLURALES	nosotros/as	compr**amos**	vend**imos**	escrib**imos**
	vosotros/as	compr**asteis**	vend**isteis**	escrib**isteis**
	Uds./ellos/ellas	compr**aron**	vend**ieron**	escrib**ieron**

Anteayer compramos unas camisas para nuestros amigos.

La semana pasada Leonardo y Mariana tomaron el autobús.

▶ Observa que en el pretérito, las formas **yo** y **Ud./él/ella** llevan tilde porque son palabras agudas que terminan en vocal.

> Ayer **celebré** mi cumpleaños con mis amigos.

> Profesor Valencia, ¿**comió** en la cafetería?

▶ **¡Atención!** En todos los verbos en pretérito, la forma para **tú** siempre termina en **-ste**. *Nunca* agregues una **-s** al final de esta terminación.

> Le vend**iste** tu computadora.

> ¿Vi**ste** a Carla ayer?

▶ Los verbos que terminan en **-car, -gar** y **-zar** tienen un cambio ortográfico en la forma **yo** del pretérito. El sonido de la terminación es el mismo, pero se acomoda a las reglas ortográficas del español.

busc**ar**	busc-	qu-	yo bus**qué**
lleg**ar**	lleg-	gu-	yo lle**gué**
empez**ar**	empez-	c-	yo empe**cé**

► Los verbos **creer, leer** y **oír** también tienen cambios ortográficos en el pretérito. Cuando conjugas estos verbos, debes poner una **tilde** sobre la **i** en las formas **yo, tú, nosotros/as** y **vosotros/as**. Además, debes cambiar la **i** por **y** en las formas **Ud./él/ella** y **Uds./ellos/ellas.**

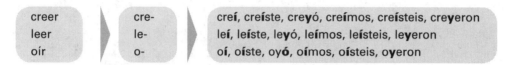

creer	cre-	**creí, creíste, creyó, creímos, creísteis, creyeron**
leer	le-	leí, leíste, leyó, leímos, leísteis, leyeron
oír	o-	oí, oíste, oyó, oímos, oísteis, oyeron

Los cambios ortográficos que se aplican a estos verbos son similares a los del gerundio que aprendiste con el presente progresivo.

Gerundio
Ellas están **leyendo** una
revista de modas.

Paco está **oyendo** un disco
compacto de Maná.

Pretérito
Ellas **leyeron** una revista
de modas.

Paco **oyó** un disco compacto
de Maná.

Hace tiempo...

► El verbo **hacer** también se usa para referirse a una acción pasada que se realiza desde algún tiempo y que aún está realizándose. En estos casos, se usa la fórmula:

Hace + [*expresión de tiempo*] + **que** + [*verbo en presente*]

| | EXP. DE TIEMPO | | VERBO | |
| **Hace** | **dos años** | que | **vendo** | seguros. |

| | EXP. DE TIEMPO | | VERBO | |
| **Hace** | **meses** | que | **espero** | una respuesta. |

► Cuando **hace** va después del verbo en presente, se usa la preposición **desde** junto con **hace**.

Vendo seguros **desde hace**
dos años.

Espero una respuesta **desde
hace** meses.

► Si se usa el pretérito en vez del presente, se expresa cuánto tiempo hace que algo ocurrió.

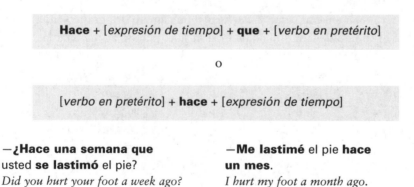

Hace + [*expresión de tiempo*] + **que** + [*verbo en pretérito*]

o

[*verbo en pretérito*] + **hace** + [*expresión de tiempo*]

—¿**Hace una semana que**
usted **se lastimó** el pie?
Did you hurt your foot a week ago?

—**Me lastimé** el pie **hace
un mes**.
I hurt my foot a month ago.

Práctica

1 **El concierto** Completa el diálogo con el pretérito de los verbos de la lista. Puedes usar algunos verbos más de una vez.

buscar	comprar	organizar	pensar	salir	vender
comentar	encontrar	pasar	presentar	tocar	

JAVIER Hola, Irma, ¿dónde (1) _____ la semana pasada?

IRMA Hola, Javier, pues (2) _____ de vacaciones. ¿Por qué? No me

digas que me (3) _____.

JAVIER Sí, por todas partes, y nunca te (4) _____. Fíjate que mi hermano y yo

(5) _____ nuestra colección de películas en VHS y con ese dinero

(6) _____ cuatro boletos para el concierto de rock que

(7) _____ en el teatro Juárez.

IRMA Ay, qué lástima, ¿por qué no me (8) _____ con más anticipación?

JAVIER Es que (nosotros) no lo (9) _____ sino hasta el miércoles.

IRMA Y cuéntame, ¿quiénes se (10) _____?

JAVIER Imagínate, (11) _____ Jaguares, Bersuit Vergarabat, Julieta Venegas y

Amparanoia. Y al final, (12) _____ todos juntos al escenario a cantar tres

canciones más.

IRMA ¡Qué concierto tan increíble!

2 **¿Qué pasó?** Mira cada imagen y escribe una oración completa con cada uno de los verbos en pretérito.

> **modelo**
> Olga / comprar
> *Olga compró una revista de modas para su tía Gloria.*

1. yo / empezar

_____

_____

2. mis amigos / oír

_____

_____

3. tú / escribir

_____

_____

4. estudiantes / leer

_____

_____

3 **Hace tiempo** Responde a las preguntas con oraciones completas. Usa las construcciones **hace** + [*expresión de tiempo*] + **que** + [*verbo*] en cada respuesta.

1. ¿Desde cuándo conoces a tu mejor amigo/a?

_____

2. ¿Hace cuánto asistes a esta escuela?

_____

3. ¿Cuánto tiempo hace que estudias español?

_____

4. ¿Desde cuándo tienes la ropa que llevas ahora?

_____

5. ¿Cuánto tiempo hace que vives en esta región del país?

_____

4 **¿Qué compraste?** El fin de semana fuiste a una venta de jardín. Escribe un párrafo para contar lo que hiciste en la venta. Usa los verbos de la lista en pretérito.

buscar	encontrar
comprar	llegar
creer	pagar
empezar	regatear

_____
_____
_____
_____
_____
_____
_____
_____
_____
_____
_____
_____
_____
_____
_____
_____

6.4 Adjetivos y pronombres demostrativos

▶ Los demostrativos **este**, **ese** y **aquel** (y sus variantes) pueden ser adjetivos o pronombres. Cuando funcionan como pronombres, llevan tilde. Los demostrativos neutros **esto**, **eso** y **aquello** siempre son pronombres y se refieren a situaciones u objetos (nunca a personas) que no se especifican. Los pronombres demostrativos neutros nunca llevan tilde.

Adjetivos demostrativos

singular		plural	
MASCULINOS	FEMENINOS	MASCULINOS	FEMENINOS
este	esta	estos	estas
ese	esa	esos	esas
aquel	aquella	aquellos	aquellas

Esa camisa te quedó bien, pero **ésta** te queda mejor.

Estos calcetines son más suaves que **ésos**.

Aquella corbata tiene colores muy fuertes y **ésa** tiene colores suaves.

El mercado abre los sábados. **Eso** es lo habitual.

▶ Estos son los pronombres demostrativos. Como ya sabes, los pronombres sustituyen al sujeto.

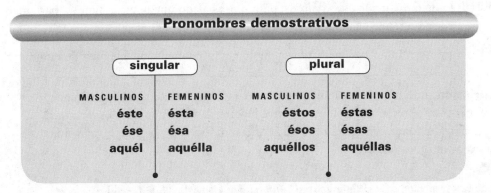

Pronombres demostrativos

singular		plural	
MASCULINOS	FEMENINOS	MASCULINOS	FEMENINOS
éste	ésta	éstos	éstas
ése	ésa	ésos	ésas
aquél	aquélla	aquéllos	aquéllas

▶ Palabras como **aquí**, **ahí**, **allí** son adverbios de lugar. Este tipo de palabra es muy útil para expresar más claramente la ubicación de un sustantivo. Observa estos ejemplos:

Estas camisas de **aquí** son muy baratas.

¿Puedes sentarte en **ese** asiento de **ahí**?

Compro en **aquella** tienda de **allá**.

Estos zapatos de **acá** son los que compré.

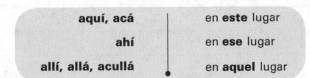

aquí, acá	en **este** lugar
ahí	en **ese** lugar
allí, allá, acullá	en **aquel** lugar

Práctica

1 **Minidiálogos** Completa con una oración los siguientes minidiálogos. Usa un pronombre o adjetivo demostrativo en cada oración. Lee atentamente cada oración y recuerda que la tilde hace la diferencia.

> **modelo**
>
> Mario: Ésas son las camisetas que me quiero comprar. ¿Qué te parecen?
> Jorge: Muy bonitas, ¿pero te sirven esas camisetas para tus prácticas de tenis?

1. **MARIO** Esta chaqueta me queda chica. Me aprieta mucho.

   MAMÁ _____

2. **VENEDEDOR** Esos pantalones y aquéllos están en oferta por esta semana.

   CLIENTA _____

3. **CLAUDIA** Aquélla es la tienda donde compré esos regalos. Allí todo es muy bonito.

   ROBERTO _____

4. **DEPENDIENTA** Este cinturón es de cuero y ése es de material sintético, por lo tanto es más barato.

   CLIENTE _____

5. **GUILLERMO** Papá, aquéllos son mis favoritos; cómpramelos.

   PAPÁ _____

6. **ABUELO** En la tarde iremos de compras, para ti ese helado que te gusta tanto y para mí una cartera más grande que ésta.

   NIETA _____

2 **Guía turístico** Imagina que eres un(a) guía y debes llevar a unos turistas a algunas tiendas para comprar recuerdos de viaje. ¿A qué lugares de tu comunidad los llevarías? Escribe un párrafo donde cuentes el recorrido realizado. Usa adverbios de lugar y adjetivos demostrativos en tu narración.

> **modelo**
>
> Esta construcción es el primer centro comercial que tuvo la ciudad. Aquí ustedes pueden encontrar todo tipo de productos a muy bajo precio.

_____

_____

_____

_____

_____

_____

_____

_____

adelante

Lectura

Antes de leer

"Sobre gustos no hay nada escrito" es un dicho muy conocido en América Latina. Significa que a la gente le puede gustar o no un determinado estilo de ropa, un perfume o un automóvil. Pero, ¿qué puede lograrse con una buena publicidad? ¿Crees que la presencia de un artista invitando a probar un perfume influye sobre el gusto de las personas? ¿Por qué?

_____

_____

_____

Los famosos apuestan por fragancias que llevan su nombre

Son cantantes, modelos, estrellas de cine... y también *perfumistas*. Los artistas afirman que la relación entre la música o el cine y el mundo de la belleza es "algo natural". **Pareciera ser** que las películas y la música hacen soñar lo mismo que las fragancias. Hay una lista de estrellas que prestan su imagen para promocionar perfumes. Y también hay artistas que han dado un paso más y se han convertido en creadores de las fragancias que llevan su nombre.

En las Américas y Europa esta tendencia ha encontrado una respuesta muy positiva entre los consumidores y las ventas dejan **suculentas** ganancias. El nombre y la personalidad del artista se convierten en los principales atractivos de diversas fragancias que las estrellas promocionan en anuncios impresos y de televisión. A veces, las estrellas **se involucran** totalmente, desde la selección de las notas aromáticas hasta el envasado y la publicidad. ¡Una delicia para los fanáticos más incondicionales!

En abril de 2001, la actriz, cantante y modelo Jennifer López creó junto a Andy Hilfiger la compañía Sweetface Fashion para comercializar la marca "JLO" en ropa, perfumes y accesorios. Pero el gran debut de Jennifer López como diseñadora fue en las **pasarelas** de Nueva York con la colección otoño 2005. El desfile creó mucha expectación entre los conocedores del medio de la moda y entre los seguidores de la artista. Ese mismo año, JLo lanzó una nueva fragancia: *Live*, la cuarta que sale al mercado creada por la artista. Las anteriores fueron *Glow*, *Still* y *Miami Glow*. Jennifer López declaró el día del **lanzamiento** que *Live* "revela lo más profundo de mi ser interior". *Live* está inspirada en el glamour y celebra la pasión creativa que la artista siente por el baile y la vida.

El actor español de *La leyenda del zorro* (2005), Antonio Banderas, es otro **referente** latino importante en Hollywood y también un veterano en el mundo de las fragancias. Banderas se encarga de imprimir su sello personal en sus películas y perfumes, ¡y lo hace muy bien! Sobre esta faceta de perfumista, el actor ha declarado: "Participé en la creación de los perfumes al principio, cuando iniciamos esta aventura empresarial. Sé —por lo que me han contado— que las colonias y los perfumes han evolucionado a medida que me han visto crecer no sólo en mi vida profesional, sino también en mi vida personal".

Banderas comenzó con *Diavolo* (1997), siguió con *Diavolo* para mujeres (1999), *Mediterráneo* (2001) y *Spirit* (2003), a las que suma dos creaciones del año 2005, *Spirit* para mujeres y la fragancia masculina *Antonio*. *Spirit* es un aroma cálido, natural y espontáneo como el carácter latino y se presenta en un **frasco** de curvas suaves en tonos **rojizos**. En *Antonio*, el actor quiso reflejar su personalidad, por lo cual bautizó el aroma con su nombre.

El cantante español David Bisbal es otra de las estrellas que ya tiene su propia fragancia. Se trata de *Pura esencia*, su primera línea de perfumes que fue presentada en Madrid en diciembre de 2006. En sus palabras, "*Pura esencia* es una ilusión cumplida que me permite transmitir mis sentimientos, a partir de ahora, también en dos fragancias. Con mi espíritu, con mi esencia". El aroma se presenta tanto para hombres como para mujeres. En principio, está previsto que estos aromas se comercialicen en España, pero pronto comenzará su aventura internacional. Con estas dos fragancias, David Bisbal se une a la lista de estrellas con su propio perfume. ¿Quién será el siguiente?

Pareciera ser: Alguien puede creer; **suculentas**: *fig.* grandes; **se involucran:** participan, toman parte; **pasarelas:** pasillos elevados donde desfilan los modelos de ropa para que el público contemple los diseños; **lanzamiento:** presentación al público; **referente:** modelo a imitar; **frasco:** recipiente de vidrio que contiene líquidos; **rojizos:** colores similares al rojo.

Después de leer

1 **Comprensión** Responde a las preguntas con oraciones completas.

1. De acuerdo con el texto, ¿con qué productos se involucran más las celebridades?

   _____

2. ¿Las celebridades parecen crear o promocionar más productos para mujeres o para hombres?

   _____

3. ¿En qué áreas creativas se destaca Jennifer López?

   _____

4. ¿En qué parecen ser similares los perfumes *Live*, *Antonio* y *Pura esencia*?

   _____

5. ¿Qué otros productos conoces que sean promocionados por alguna celebridad?

   _____

2 **Interpretación** Contesta las preguntas con oraciones completas.

1. ¿Qué piensas de que una estrella de cine o de la música refleje su creatividad en otras áreas, como la perfumería? ¿Por qué?

   _____

2. Si tuvieras que escoger entre las fragancias mencionadas en el texto, ¿cuál comprarías y por qué?

   _____

3. Si pudieras crear un perfume con tu sello personal, ¿qué aromas combinarías? ¿Qué nombre le pondrías y por qué?

   _____

4. ¿Crees que los gustos de las personas están influenciados por la publicidad? ¿Por qué?

   _____

Escritura

Estrategia

How to report an interview

There are several ways to prepare a written report about an interview. For example, you can transcribe the interview verbatim, you can simply summarize it, or you can summarize it but quote the speakers occasionally. In any event, the report should begin with an interesting title and a brief introduction, which may include the English five Ws *(what, where, when, who, why)* and H *(how)* of the interview. The report should end with an interesting conclusion. Note that when you transcribe dialogue in Spanish, you should pay careful attention to format and punctuation.

Writing dialogue in Spanish

▷ If you need to transcribe an interview verbatim, you can use speakers' names to indicate a change of speaker.

LILIANA Generalmente, ¿cuándo vas de compras?

LUIS Bueno, normalmente voy los fines de semana. No tengo tiempo durante la semana.

LILIANA ¿Qué compraste el fin de semana pasado?

LUIS Compré un par de zapatos para mí y unos regalos para mi abuelo.

LILIANA ¿Y gastaste mucho dinero?

LUIS No, porque encontré unas gangas en el almacén. También compré unas cosas en el mercado al aire libre, donde es posible regatear un poco.

▷ You can also use a dash *(raya)* to mark the beginning of each speaker's words.

—¿Encontraste unas gangas?
—Sí... me compré un impermeable y unos pantalones.
—¿Dónde los compraste?
—Los compré en el almacén Ofertas, cerca del centro.

TEMA: Escribe un informe

Antes de escribir

1 Vas a escribir un informe para el periódico escolar sobre los hábitos de compra de un amigo/a y sus preferencias de ropa. Para empezar, vas a generar una lista de preguntas para usarlas cuando entrevistes a tu amigo/a. Fíjate en las categorías de las palabras interrogativas de la tabla y trata de formular al menos dos preguntas para cada categoría. Debes escoger entre estas preguntas y también crear algunas preguntas originales.

▷ ¿Cuándo vas de compras?
▷ ¿Con quién vas de compras?
▷ ¿Adónde vas de compras?
▷ ¿Qué tiendas, almacenes o centros comerciales prefieres?
▷ ¿Por qué prefieres comprar ropa barata/cara?
▷ ¿Te gusta buscar gangas?

▷ ¿Qué ropa llevas cuando vas a clase?
▷ ¿Qué ropa llevas cuando sales a bailar?
▷ ¿Qué ropa llevas cuando practicas deportes?
▷ ¿Cuáles son tus colores favoritos?
▷ ¿Qué ropa compras de esos colores?
▷ ¿Le das ropa a tu familia? ¿Y a tus amigos/as?

¿Cuándo?	1. 2.
¿Por qué?	1. 2.
¿Qué?	1. 2.
¿Con quién? / ¿A quién?	1. 2.
¿Adónde?	1. 2.
¿Cuál(es)?	1. 2.
¿Te gusta(n)...?	1. 2.

2 Cuando completes la tabla, escoge al menos doce preguntas que usarás durante tu entrevista.

3 Cuando hayas hecho las preguntas, toma notas de las respuestas. Luego organiza esa información en categorías como preferencias de ropa, preferencias de color, personas que lo/la acompañan a comprar, destinatarios de las compras, lugares para comprar, precios de ropa y horario de compras.

Escribir

Escribe un informe sobre tu entrevista. No olvides incluir toda la información para cada una de las categorías que creaste anteriormente. Resume tus hallazgos y escribe por lo menos dos citas de la persona que entrevistaste. Asegúrate de que tu informe termine con una conclusión interesante.

> **modelo**
>
> Hablando de la ropa que lleva Shannon, le pregunté: —¿Qué tipo de ropa prefieres cuando sales a bailar? — Ella me contestó: —¡A mí me gusta la ropa elegante y cara!— Es obvio que ella no busca gangas cuando sale de compras.

Después de escribir

1 Intercambia tu borrador con un(a) compañero/a. Coméntalo y contesta las preguntas.
- ¿Incluyó tu compañero/a información de diversas categorías?
- ¿Incluyó tu compañero/a al menos dos citas directas en su informe?
- ¿Usó tu compañero/a el estilo correcto para escribir las citas?
- ¿Usó tu compañero/a correctamente los verbos en presente?
- ¿Usó tu compañero/a correctamente los verbos en pretérito?

2 Revisa tu informe de acuerdo con los comentarios de tu compañero/a. Después de escribir la versión final, léela otra vez para eliminar errores en:
- la ortografía
- la puntuación
- el uso de letras mayúsculas y minúsculas
- el uso de los verbos en el presente de indicativo
- el uso de los verbos en el pretérito
- el uso en los pronombres de objeto directo e indirecto
- la concordancia entre sustantivos y adjetivos

contextos

1 **La rutina diaria** Observa las imágenes y escribe dos oraciones completas para describir lo que hacen Armando y Eva en cada una. Sigue el modelo.

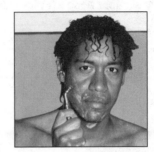

> **modelo**
> Armando se afeita todas las mañanas.
> Se pone la crema de afeitar con mucho cuidado.

1.  _____

_____

2.  _____

_____

3. _____

_____

_____

4. _____

_____

2 **Definiciones** Escribe oraciones completas para definir cada una de las cosas de aseo.

1. jabón: _____

2. espejo: _____

3. lavabo: _____

4. champú: _____

5. toalla: _____

6. pasta de dientes: _____

3   **Aconsejar**   Lee las situaciones y escribe qué le aconsejas a cada persona para resolver su problema.

> **modelo**
>
> Marcela nunca se despierta a tiempo.
> *Debe comprar un despertador.*

1. Enrique siempre tiene los pies fríos.

   _____

2. Por las mañanas, el Sr. Torres se levanta muy cansado.

   _____

3. Rafael tarda demasiado tiempo en la ducha.

   _____

4. Leticia se despierta con el pelo enredado.

   _____

5. Sandra y Marina dejan sus camas desordenadas todo el día.

   _____

6. Humberto siente mucho frío por las mañanas porque sale inmediatamente
   después de ducharse.

   _____

4   **Publicidad**   Observa la crema de afeitar. Ponle un nombre. Escribe un anuncio para promocionarla. Usa la mayor cantidad de palabras de la lección. Debes escribir por lo menos ocho oraciones completas.

_____

_____

_____

_____

_____

_____

_____

_____

_____

_____

_____

_____

pronunciación y ortografía

La consonante r

En español, la letra **r** tiene un sonido vibrante fuerte cuando va al principio de una palabra, como en **rico**. En inglés no hay palabras con esta vibración, pero los anglohablantes producen una vibración al imitar el sonido de un motor.

ropa	**r**utina	**r**itmo	**R**amón

En cualquier otra posición, la **r** tienen un sonido débil como en **para**.

gusta**r**	du**r**ante	prime**r**o	c**r**ema

La combinación **rr** solamente aparece entre vocales y siempre tiene un sonido vibrante fuerte.

piza**rr**a	ca**rr**o	ma**rr**ón	abu**rr**ido

Entre vocales, la diferencia entre la **rr** vibrante fuerte y la **r** débil es muy importante, ya que si se pronuncian en forma incorrecta, pueden confundirse dos palabras diferentes.

ca**r**o	ca**rr**o	pe**r**o	pe**rr**o
expensive	*car*	*but*	*dog*
fie**r**o	fie**rr**o	ce**r**o	ce**rr**o
fierce	*piece of metal*	*zero*	*hill*

Práctica

1 **Clasificar** Primero clasifica las palabras del recuadro según el sonido de la **r** sea suave o fuerte. Después, lee todas las palabras en voz alta.

acostarse	maquillarse
arriba	Raquel
Carlos	rincón
despierta	rizos
ducharse	ropa

Sonido suave	Sonido fuerte

2 **Oraciones** Primero escribe una oración con cada par de palabras. Después lee cada oración en voz alta.

> **modelo**
> coro/corro
> *Corro para llegar a tiempo al ensayo del coro.*

1. caro/carro

_____

2. cero/cerro

_____

3. pera/perra

_____

cultura

¡Qué rico, hoy podré dormir la siesta!

Dormir la siesta, echarse una siestecita, echar una cabezadita… es una costumbre que llegó a América con los españoles. La siesta no distingue clases sociales ni culturales. Hay famosos que duermen la siesta cotidianamente. Gabriel García Márquez, escritor colombiano, escribió un cuento que llamó "La siesta del martes". Y dicen que para el poeta chileno Pablo Neruda la siesta era un ritual sin importarle quién estaba de visita en su casa. Después del almuerzo, el poeta se iba a su habitación a dormir la siesta sin dar explicaciones.

Sin embargo, a pesar de que esta agradable costumbre se ha extendido mucho, no en todos los países se practica del mismo modo. En las ciudades pequeñas de Argentina, por ejemplo, la pausa que se hace para la siesta es muy larga y puede durar desde la una hasta las tres o cuatro de la tarde si hace mucho calor. Durante la siesta, todos los negocios cierran, incluyendo el correo, los supermercados y los grandes almacenes.

En Chile, la siesta también es un momento importante. Por eso, sus legisladores tratan de aprobar una ley para que la gente pueda tomar una siesta de unos veinte minutos durante las horas de trabajo. Como dice uno de los diputados que defiende esta idea, "una breve siesta incrementa los niveles de productividad y reduce el riesgo de accidentes laborales".

A pesar de estar muy arraigada en los países hispanos, la siesta es una costumbre que está desapareciendo de muchas grandes ciudades. Por el acelerado ritmo de vida y las distancias tan largas, no es posible hacer una pausa durante el día.

Sobre la siesta

▶ Es normal sentir sueño después del almuerzo, ya que el cuerpo está trabajando. Por eso muchas personas duermen la siesta.

▶ La siesta se realiza entre la una y las cuatro de la tarde y debe durar entre veinte y cuarenta minutos.

▶ Dormir la siesta mejora la salud, previene el agotamiento y el estrés. Además favorece la memoria y se aprende más rápido.

---

1 **Comprensión** Responde a las preguntas con oraciones completas.

1. ¿Por qué razones es bueno dormir un rato después de almorzar?

_____

2. Según la lectura, ¿en qué países se acostumbra dormir la siesta? ¿Qué otros países conoces donde también se duerme la siesta?

_____

3. ¿Qué ley se está tratando de aprobar en Chile?

_____

4. Imagina que eres dueño de una compañía importante. ¿Dejas que tus empleados duerman la siesta? ¿Por qué?

_____

estructura

7.1 Verbos reflexivos

▶ Los verbos reflexivos se usan para indicar que el sujeto realiza una acción y que también la recibe. Es decir, el verbo expresa la acción que realiza el sujeto y la "refleja" hacia él. Además de los verbos que aprendiste en **Contextos**, éstos son otros verbos reflexivos comunes.

acordarse (de) (o:ue)	**preocuparse (por)**
despedirse (de) (e:i)	**probarse** (o:ue)
enojarse (con)	**quedarse**
irse	**quitarse**
llamarse	**secarse**
ponerse	**sentarse** (e:ie)
ponerse + (*adjetivo*)	**sentirse** (e:ie)

Siempre **me acuerdo** de mis abuelitos. ¡Los extraño tanto!

Nos ponemos muy contentos cuando vienes a vernos, Luis.

Leonardo ¿**te enojas** fácilmente con tus hermanos?

Lucy y Anita **se ponen** los zapatos de su mamá.

Ella **se preocupa** por el examen, piensa que va a reprobar.

¿Cómo **te sientes** después de ese viaje tan largo?

▶ A diferencia del inglés, en español los verbos reflexivos **siempre** usan pronombres reflexivos.

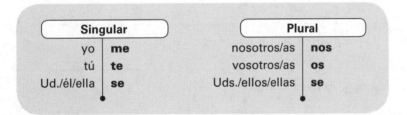

Singular		Plural	
yo	**me**	nosotros/as	**nos**
tú	**te**	vosotros/as	**os**
Ud./él/ella	**se**	Uds./ellos/ellas	**se**

Él siempre **se** duerme tarde.
He always falls asleep late.

No **me** siento bien.
I don't feel well.

En verano **nos** duchamos con agua fría.
We take cold showers in the summer.

A veces **te** enojas demasiado.
Sometimes you get too angry.

▶ El pronombre reflexivo va después del verbo en las formas de infinitivos, gerundios y mandatos. En estos casos, el pronombre reflexivo va unido al verbo.

José quiere despedir**se** de su abuelo.

Estoy quitándo**me** los zapatos.

Quéda**te** en casa para que descanses.

Esta película está aburriéndo**nos**.

▶ **¡Atención!** Fíjate que cuando el pronombre va unido al verbo, debes agregar una tilde al verbo, cuando sea necesario, para conservar la acentuación original.

Práctica

1 **Identificar** En la página anterior, lee las primeras seis oraciones modelo. Rodea con un círculo los pronombres reflexivos de las formas verbales.

2 **Completar** Usa la forma adecuada de estos verbos para completar la narración de Pilar.

cepillarse	ducharse	imaginarse	maquillarse	sentarse
dormirse	enojarse	levantarse	regresarse	vestirse

Cada mañana en mi casa es un ajetreo que ustedes no (1) _____ . Papá

(2) _____ primero y entra al baño. Mamá nos despierta a Fabián y a

mí para que preparemos nuestras mochilas. Cuando papá sale del baño, entra mi hermano

mayor y (3) _____ . Luego entro yo y después de ducharme,

(4) _____ el pelo. Después, busco mi ropa y (5) _____

rápidamente. A las siete, todos (6) _____ a desayunar, menos mamá, que

apenas a esa hora puede entrar al baño. Cuando ya estamos todos listos, siempre hay alguien

que olvida algo y tenemos que esperarlo. Ayer, mamá y papá (7) _____

conmigo en el auto porque (8) _____ a buscar mi libro de cálculo.

3 **Responder** Responde a las preguntas con oraciones completas.

1. ¿Qué te probaste la última vez que fuiste a un almacén?

_____

2. ¿A qué hora se acostaron tus hermanos y tú anoche?

_____

3. Generalmente, ¿qué se preparan tus papás para cenar?

_____

4. ¿Quién se levanta primero en tu casa?

_____

5. ¿Vas a quedarte en tu casa este fin de semana?

_____

4 **Tu rutina** Tu hermano y tú tienen que usar el mismo baño y tienen muchos problemas para decidir cuándo debe usarlo cada quien y por cuánto tiempo. Usa verbos reflexivos para escribirle un mensaje electrónico donde le expliques cómo te sientes y qué crees que deben hacer para solucionar sus problemas.

_____

_____

_____

_____

7.2 Palabras indefinidas y negativas

▶ Las palabras indefinidas se refieren a personas y cosas que no son específicas, como **alguien** y **algo**. Las palabras negativas niegan la existencia de personas y cosas o contradicen enunciados, como **ninguna** o **nada**.

> **Alguien** llama a la puerta.   **Siempre** hago **algo** especial los domingos.
>
> José **tampoco** se afeita.   Estela **jamás** se cepilla los dientes después de comer.

▶ Aquí te presentamos algunas palabras indefinidas y negativas que se usan comúnmente en español.

Palabras indefinidas		Palabras negativas	
algo	o... o	nada	ni... ni
alguien	siempre	nadie	nunca, jamás
alguno/a(s), algún	también	ninguno/a, ningún	tampoco

▶ **¡Atención!** La palabra negativa **nadie** *nunca* lleva **n** al final.

> En casa **nadie** tira papeles al piso.   **Nadie** se levanta tarde.

▶ Las palabras negativas **nunca** y **jamás** son equivalentes. Puedes usar cualquiera de las dos para decir lo mismo.

> **Jamás** evito mis deberes.   **Nunca** evito mis deberes.
>
> Aurora **jamás** lava los platos.   Aurora **nunca** lava los platos.

▶ Cuando **nunca** y **jamás** van juntas en una oración, se refuerzan mutuamente y forman una negación muy enfática.

> **Nunca jamás** salgo de noche.   No deseo verte **nunca jamás**.
>
> Esto **nunca jamás** debe repetirse.   **Nunca jamás** he estado en Japón.

▶ La palabra negativa **ni** puede ir acompañada de otras palabras para formar nuevas expresiones negativas.

> Es tarde y **ni siquiera** he comido.   **Ni siquiera** sabe escribir su nombre.
>
> No hay que decirle a Juan **ni mucho menos** a Marcos.   No puedo despertar por las mañanas **ni mucho menos** apagar el despertador.
>
> No se ducha rápido **ni por** error.   No se hablan **ni por** equivocación.

▶ Las palabras negativas **ninguno** y **ninguna** pueden usarse en plural para concordar con las personas o cosas a que se refieren: **ningunos** libros, **ningunas** estrellas. Sin embargo, el uso de estas palabras en plural es muy escaso. Si la palabra **ninguno** va antes de un sustantivo masculino singular, se suprime la vocal **o** y se usa **ningún**.

> ¿No tienes **ningunas** sábanas limpias?   ¿Todavía no llega **ningún** profesor a esta clase?
>
> No, no tengo **ninguna**.   No, aún no llega **ninguno**.

Práctica

1   **Distinguir**   En la página anterior, lee las primeras cuatro oraciones modelo. Encierra en un círculo las palabras indefinidas y subraya las palabras negativas.

2   **Completar**   Completa las frases de manera lógica.

> **modelo**
>
> Hoy tampoco (yo) *alcancé a comprar el champú.*

1. Yo siempre _____
2. Mis papás nunca _____
3. En mi habitación no hay ningún _____
4. Mi mejor amigo/a nunca jamás _____
5. En la clase nadie _____

3   **Hermano mayor**   Tus padres salen de la ciudad durante dos días. Te piden que cuides a tu hermana menor, Lira y que trates de que no olvide sus buenos hábitos. Escribe lo que vas a recordarle a tu hermana. Usa palabras indefinidas y negativas en oraciones completas.

> **modelo**
>
> cepillarse los dientes
> *Lira, siempre debes cepillarte los dientes después de comer, sobre todo si comes dulces.*

1. jugar con arañas y gusanos

   _____

2. decir **gracias**

   _____

3. jugar con el maquillaje de mamá

   _____

4. limpiar el cuarto

   _____

5. contestar de mala manera

   _____

4   **Fuera de la rutina**   Hoy ha sido un día diferente a todos los demás, la rutina de todos los días hoy no se ha cumplido. Utiliza la mayor cantidad de palabras negativas para describir cómo fue tu día.

> **modelo**
>
> *Nadie me va a creer, pero hoy domingo me levanté a las seis de la mañana a estudiar.*

_____

_____

_____

Lección 7 (margen lateral)

7.3 El pretérito de **ser** y de **ir**

▶ El pretérito de los verbos **ser** e **ir** es irregular. Observa los siguientes ejemplos del verbo **ser** y completa la tabla que va a continuación.

Yo **fui** muy feliz en mi infancia.   **Fuiste** muy sincero conmigo.

Fuimos muy estudiosos.   Ella **fue** una buena amiga.

¿Usted **fue** buen estudiante?   Ustedes **fueron** rápidos para afeitarse.

Pretérito de ser

FORMAS EN SINGULAR	yo	_____
	tú	_____
	Ud./él/ella	_____
FORMAS EN PLURAL	nosotros/as	_____
	vosotros/as	**fuisteis**
	Uds./ellos/ellas	_____

▶ Ahora observa estos ejemplos del verbo **ir** y completa la tabla.

Bárbara **fue** a cambiarse de ropa.   ¿**Fueron** ustedes a Bogotá?

Felipe y Manuel **fueron** a afeitarse.   Arturo, ¿ya **fuiste** a lavarte las manos para almorzar?

Fui a lavarme los dientes.   Nosotros **fuimos** al cine.

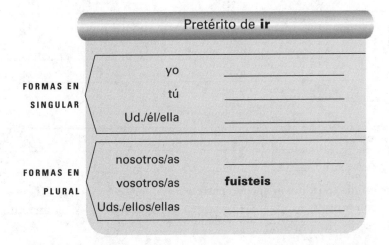

Pretérito de ir

FORMAS EN SINGULAR	yo	_____
	tú	_____
	Ud./él/ella	_____
FORMAS EN PLURAL	nosotros/as	_____
	vosotros/as	**fuisteis**
	Uds./ellos/ellas	_____

▶ Como ves, las formas son iguales. El contexto indica qué verbo se usa.

Carlos **fue** muy amable con nosotros.   Carlos **fue** al concierto de anoche.

▶ **¡Atención!** Recuerda que en pretérito la forma que corresponde al pronombre **tú** *nunca* lleva **-s** al final.

Tú **fuiste** la más simpática.   ¿A qué hora **fuiste** a la tienda?

Lección 7

Práctica

1 **Verbos** Completa cada oración con el pretérito de **ser** o **ir**. Después indica qué verbo usaste.

> modelo
>
> ¿Adónde **fueron** ustedes el fin de semana? **ir**

1. Nosotros _____ a Los Ángeles a visitar a los tíos. _____

2. El viaje en tren _____ muy agradable. _____

3. En la ciudad, yo _____ a visitar a unos amigos. _____

4. Ellos _____ muy cordiales y amables conmigo. _____

5. ¿Tú también _____ a casa de los tíos? _____

2 **Escribir** Imagina que viajas cincuenta años al futuro. Escribe dos oraciones completas sobre cada persona. Usa el pretérito de **ser** en una y el pretérito de **ir** en la otra.

> modelo
>
> Gael García Bernal
> ser: Fue un **actor mexicano muy talentoso.**
> ir: Yo fui a ver todas sus películas.

1. tú

    ser: _____

    ir: _____

2. tu mejor amigo/a

    ser: _____

    ir: _____

3. los Yankees de Nueva York

    ser: _____

    ir: _____

4. Salma Hayek y Penélope Cruz

    ser: _____

    ir: _____

3 **Día feriado** Ayer fue un día feriado y lo aprovechaste para hacer las cosas que más te gustan. Escribe un párrafo narrativo para contar cómo te fue y qué hiciste. Usa el pretérito de los verbos **ser** e **ir** para escribir tu párrafo.

_____

_____

_____

_____

_____

_____

7.4 Verbos como **gustar**

▶ Ya sabes que el verbo **gustar** se usa para expresar preferencias. Observa estos ejemplos.

Me **gusta** este jabón.   Me **gustan** las canciones románticas.

▶ En la primera oración, el sujeto es **este jabón**, porque de eso se habla. En la segunda oración, el sujeto es **las canciones románticas**. Observa que al cambiar el número del sujeto de singular a plural, también cambia la forma del verbo. El pronombre **me** es el objeto indirecto en ambas oraciones.

▶ El pronombre de objeto indirecto representa a la persona que siente la preferencia o rechazo expresados con el verbo.

Te gusta esta toalla.   **Nos** gusta esta toalla.

Le gusta esta toalla.   **Les** gusta esta toalla.

▶ Los pronombres de objeto indirecto que se usan con el verbo **gustar** son **me**, **te**, **le** en singular y **nos**, **os**, **les** en plural. Estos pronombres siempre van antes del verbo **gustar**.

Me gusta la leche tibia.   No **nos gusta** dormir hasta tarde los domingos.

▶ Para precisar o enfatizar la persona que prefiere algo, se usa la construcción **a +** [*pronombre*] o **a +** [*sustantivo*] antes del pronombre de objeto indirecto. Observa los modelos para saber cómo se relacionan los pronombres de objeto indirecto con los pronombres que se usan como sujeto.

<table>
<tr><td>a + [pronombre]</td><td>a + [sustantivo]</td></tr>
<tr><td>A mí me gustan los melocotones.</td><td>A Rita y a Paola les gustan las novelas.</td></tr>
<tr><td>A ti te gustan los días de sol.</td><td>A Joaquín le gusta dormirse temprano.</td></tr>
<tr><td>A nosotros nos gusta cantar.</td><td>A la profesora le gustan los poemas.</td></tr>
</table>

> **¡Atención!**
> Recuerda que el pronombre **mí** lleva tilde para diferenciarlo del posesivo **mi**.

▶ Los gustos (o rechazos) también se pueden expresar con la frase **lo que**. Observa el siguiente diagrama.

> **¡Atención!**
> El verbo **ser** se conjuga en singular o plural dependiendo del número del sujeto que lo sigue.

Lo que	me te le nos os les	aburre falta fascina gusta importa interesa	es	la televisión. dormir hasta tarde.
			son	los resultados. unas toallas pequeñas.

▶ Además de los verbos que se presentan en tu libro de texto, estos verbos también son similares a **gustar**. Estos verbos se usan de la misma forma que **gustar**.

Verbos como **gustar**

agradar	cansar	doler	pasar
apetecer	disgustar	extra- ñar	sobrar

¿Te agrada afeitarte a diario?   Hoy **nos pasó** algo divertido.

Lección 7

Práctica

1 **Entrevista** Escoge a una persona famosa para hacerle estas preguntas y escribe lo que tú crees que contestaría. Usa verbos que se parecen a **gustar** en todas las respuestas. Si quieres, puedes usar un(a) famoso/a diferente en cada pregunta.

> **modelo**
>
> **TÚ:** ¿Qué te molesta de tu rutina matinal?
> **JLo:** Me molesta estar con el peluquero cuatro horas al día pero, ¡qué puedo hacer!

1. **TÚ:** ¿Qué te gusta hacer los fines de semana?

   _____

2. **TÚ:** ¿Qué es lo que te aburre más?

   _____

3. **TÚ:** ¿Cuál es tu comida favorita?

   _____

4. **TÚ:** ¿Qué haces cuando visitas un país por primera vez?

   _____

5. **TÚ:** ¿Cuál va a ser el próximo paso en tu carrera?

   _____

6. **TÚ:** ¿Qué piensa tu familia sobre tu estilo de vida?

   _____

2 **Sugerencias** Escribe sugerencias sencillas para actividades que se realizan en la semana. Usa los verbos de la lista. Escribe oraciones completas. Como sugerencia, comienza tus oraciones con la palabra **si**.

> **modelo**
>
> Si te cansa maquillarte siempre, no tienes que maquillarte los fines de semana.

agradar	cansar	disgustar	doler	extrañar	sobrar

1. _____
2. _____
3. _____
4. _____
5. _____
6. _____

adelante

Lectura

Antes de leer

Los foros de discusión son sitios web donde se reúnen mensajes, invitaciones, opiniones o imágenes enviados por diferentes personas sobre algún tema en particular. Hay foros de todo tipo: sobre salud, educación, música, chismes, política y más.

1. ¿Qué tipos de foros conoces?

   _____

2. Describe un foro que te guste y explica por qué te gusta.

   _____

¿Cómo viven los actores que inician?

Hola amigos, quisiera saber sus opiniones sobre este tema. La duda me surgió cuando me puse a escribir el ensayo final que nos pidió la maestra de español. Ella es muy exigente, así que lo primero que hice fue buscar entrevistas publicadas en periódicos y revistas. He leído las historias de cómo comenzaron sus carreras los actores más famosos de Hollywood y algunos de ellos mencionan que estudiaban actuación al mismo tiempo que asistían a pruebas de actuación y mantenían un trabajo de medio tiempo para poder pagar sus gastos. ¡Guau! Los actores que comienzan se la pasan ocupadísimos y yendo de un lugar a otro, ¿no? Por ejemplo, Brad Pitt trabajó como cargador de refrigeradores y durante un tiempo lo empleó la cadena de restaurantes El Pollo Loco donde se tenía que disfrazar de pollo gigante para atraer clientes y al mismo tiempo seguía buscando un contrato importante de actuación, ¡hasta que lo logró! ¿Creen que vale la pena todo ese esfuerzo?
Saludos a todos,
Pedro

3:24 p.m.

Comentarios

Marinero dice...

Pues ya que mencionas a Brad Pitt, te comento que su ex novia, Jennifer Aniston, trabajó como mesera y en ventas por teléfono. Al mismo tiempo, ella asistía a la Escuela de Artes Interpretativas de Manhattan y se presentaba a numerosas pruebas de actuación. Fue hasta tiempo después que le dieron el inolvidable papel de Rachel Green en la serie *Friends*.

3:32 p.m.

Estrellita dice...

Pues tal vez a algunos les ha costado algo de trabajo llegar hasta donde están. Sin embargo, no olvidemos que personas de otras áreas (médicos, periodistas, etc.) se esfuerzan durante muchos años antes de convertirse en "maestros" de su profesión.

3:37 p.m.

Gatoazul dice...

Pero no piensen que cuando se hacen famosos los actores dejan de prepararse, muchos de ellos estudian largas horas antes de interpretar a cada personaje nuevo. Ellos necesitan meterse en el mundo de ese personaje y si, por ejemplo, el papel es de policía, ellos van diario a trabajar con verdaderos policías y salen a patrullar con ellos.

Los actores de las películas de acción y de ciencia ficción también se tienen que preparar durante meses antes de comenzar a grabar una nueva cinta. Ellos tienen que ir al gimnasio todos los días o aprender artes marciales además de estudiar su libreto.

3:57 p.m.

Aurora dice...

Muchos actores y actrices tienen familia y además de trabajar en películas o televisión, estudiar libretos y asistir a pruebas de actuación, atienden a sus hijos y mantienen una vida familiar privada. Yo creo que eso requiere de mucho esfuerzo y dedicación.
Un saludo

4:09 p.m.

Dulce dice...

Por darte un ejemplo, Gael García Bernal estudió actuación en un instituto de arte dramático en Londres al mismo tiempo que trabajaba como mesero para pagarse sus estudios. Yo creo que esto tiene mucho mérito, porque no sólo se preparó con estudios profesionales, sino que lo hizo en otro idioma y él mismo se pagó la carrera. Mientras más te esfuerzas, mejor te saben los éxitos.

4:13 p.m.

Después de leer

1 **Comprensión e interpretación** Responde a las preguntas con oraciones completas.

1. ¿Por qué Pedro decidió reunir la mayor información posible?

_____

2. ¿Cuál es la opinión de Pedro sobre el tema?

_____

3. ¿Qué piensa Estrellita?

_____

4. ¿Qué tipo de películas crees que le gustan a Gatoazul? ¿Cómo lo sabes?

_____

5. ¿Dónde estudió actuación Gael García Bernal?

_____

6. Según tu opinión, ¿los actores y actrices deben estudiar arte dramático? ¿Por qué?

_____

7. ¿Qué es más importante, el talento natural o los estudios profesionales? ¿Por qué?

_____

8. Si tuvieras tu propio foro de discusión, ¿qué tema te gustaría compartir?

_____

Escritura

Estrategia

Secuencia de sucesos

Si pones atención a la secuencia de un texto narrativo, tu escrito fluirá lógicamente de una parte a otra del texto.

Toda composición debe tener una introducción, una parte central y una conclusión. La introducción presenta el tema, el lugar, la situación y a las personas. La parte principal, o parte central, describe los sucesos y las reacciones de las personas ante esos sucesos. La narración termina en la conclusión.

Los adverbios y las frases adverbiales a veces se usan como transiciones entre la introducción, la parte principal y la conclusión. Aquí tienes una lista de adverbios de uso común en español:

Adverbios		
además; también	después (de)	pronto
al principio; en un principio	entonces; luego	por fin; finalmente
antes (de)	más tarde	al final
después	primero	

TEMA: Escribe tu rutina

Antes de escribir

1 Vas a escribir una descripción de tu rutina diaria en uno de estos lugares, o en algún otro lugar interesante de tu propia invención:

▶ una isla desierta ▶ el Polo Norte ▶ un crucero transatlántico ▶ un desierto

2 Mira el esquema en la próxima página, donde vas a escribir los detalles de tu rutina diaria. Antes de escribir tus actividades en el esquema, considera cómo cambian algunos de los elementos más básicos de tu rutina en el lugar que escogiste. Por ejemplo, ¿dónde te acuestas en el Polo Norte? ¿Cómo te duchas en el desierto?

3 Haz una lista de palabras clave que ya conoces o que necesitas saber para escribir tu descripción.

Palabras clave que ya conozco	Palabras clave que necesito saber

4 Ahora completa el esquema. Escribe detalles sobre el lugar y sobre las personas de ese lugar en el círculo marcado **Introducción**. Luego usa verbos reflexivos para escribir ocho actividades diarias en su secuencia normal en los ocho cuadros. Finalmente, escribe detalles sobre tus opiniones del lugar y de tu vida allí en el círculo marcado **Conclusión**.

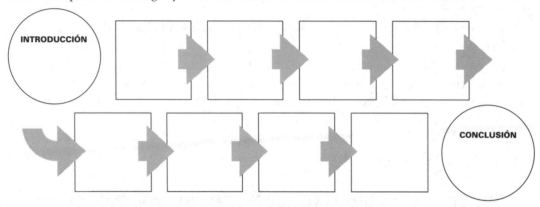

5 Ahora, mira el esquema otra vez. ¿Qué adverbios puedes añadir al esquema para acentuar la secuencia de las actividades? Escríbelos encima de cada cuadro del esquema.

Escribir

Usa el esquema y la lista de palabras clave para escribir tu narración. La narración debe tener una introducción (la información del primer círculo del esquema), una parte central (las actividades de los ocho cuadros) y una conclusión (la información del segundo círculo). También debes incluir los adverbios que escribiste encima de los cuadros para indicar la secuencia de las actividades.

Después de escribir

1 Intercambia tu borrador con un(a) compañero/a de clase. Coméntalo y contesta estas preguntas.

▶ Escribió tu compañero/a una introducción con detalles sobre el lugar y las personas de ese lugar?

▶ ¿Escribió tu compañero/a una parte central con ocho actividades de su rutina diaria?

▶ ¿Usó tu compañero/a adverbios para indicar la secuencia de las actividades?

▶ ¿Escribió tu compañero/a una conclusión con sus opiniones del lugar y de su vida allí?

▶ ¿Usó tu compañero/a correctamente los verbos reflexivos?

▶ ¿Qué detalles añadirías? ¿Qué detalles quitarías?

▶ ¿Qué otros comentarios tienes para tu compañero/a?

2 Revisa tu informe de acuerdo con los comentarios de tu compañero/a. Después de escribir la versión final, léela otra vez para eliminar errores en:

▶ la ortografía

▶ la puntuación

▶ el uso de letras mayúsculas y minúsculas

▶ la concordancia entre sustantivos y adjetivos

▶ el uso de verbos reflexivos

▶ el uso de verbos en el presente de indicativo

contextos

1   **Analogías**   Completa cada analogía con la palabra apropiada. Después escribe dos analogías originales.

> **modelo**
>
> cebolla : zanahoria :: pera : banana

> arroz
> bistec
> salmón
> yogur

1. café : té :: atún : _____

2. melocotón : manzana :: leche : _____

3. langosta : camarón :: frijoles : _____

4. margarina : mayonesa :: chuleta : _____

5. _____ : _____ :: _____ : _____

6. _____ : _____ :: _____ : _____

2   **Otras formas**   Escribe otras formas que conozcas para referirte a estos alimentos.

> **modelo**
>
> champiñón hongo, seta

1. frijoles _____   3. arveja _____   5. refresco _____

2. camarón _____   4. sándwich _____   6. banana _____

3   **¿Qué es?**   Escribe una descripción para cada alimento. Después, escribe una oración que incluya el nombre de esa comida.

> **modelo**
>
> leche: Es un líquido blanco que se bebe.
> Todos los días en el desayuno tomo café con leche.

1. carne de res: _____

_____

2. ensalada: _____

_____

3. hamburguesa: _____

_____

4. jugo: _____

_____

5. arvejas: _____

_____

6. huevo: _____

_____

4   **Completar** Completa el texto con las palabras de la lista. Haz los cambios necesarios.

camarero	frutas	probar	saber
ensalada	mantequilla	recomienda	salmón
escoger	no fumar	refresco	sopa

Angélica está en un restaurante en la sección de (1) _____ porque le molesta

el humo. No sabe qué (2) _____ para cenar. El (3) _____

que la atiende le (4) _____ una (5) _____ de verduras para

empezar. Como plato principal, le sugiere (6) _____ con arroz y una

(7) _____ de lechuga con tomates. Angélica (8) _____ la

sopa. (9) _____ riquísima. Más tarde, Angélica pide el postre de

(10) _____ con crema.

5   **Gustos diferentes** Naty y Tito son gemelos pero son muy diferentes en sus gustos para
comer. Cuando van a un restaurante, piden cosas muy distintas. Completa el diálogo con lo
que podrían pedir Naty y Tito. Escribe oraciones completas.

CAMARERO ¿Se sirven algún entremés?

NATY _____

TITO _____

CAMARERO ¿Qué van a ordenar para beber?

NATY _____

TITO _____

CAMARERO ¿Qué prefieren como plato principal?

NATY _____

TITO _____

CAMARERO ¿Algún postre? Tenemos una gran variedad.

NATY _____

TITO _____

6   **Tu plato favorito** ¿Tienes un plato favorito? ¿Que ingredientes lleva? ¿Cómo se prepara?
¿Por qué te gusta? ¿Cuándo sueles comerlo? Escribe un párrafo usando al menos veinte
palabras de la lección.

_____

_____

_____

_____

_____

_____

Lección 8

pronunciación y ortografía

La c y la z

La letra **c** se pronuncia como **k** ante las vocales **a, o** y **u**.

    café   **c**olombiano   **c**uando   ri**c**o

En español, la letra **c** se pronuncia como **s** ante las vocales **e, i**. (En algunos lugares de España, la **c** ante **e** o **i** se pronuncia como la *th* de *think*).

    cereales   deli**c**ioso   condu**c**ir   cono**c**er

En español, la letra **z** se pronuncia como **s**. (En algunos lugares de España, la **z** se pronuncia como la *th* de *think*).

    zeta   **z**anahoria   almuer**z**o   **c**erve**z**a

Las palabras que en singular terminan en **-z** cambian la **-z** por **-ces** cuando pasan al plural.

    pe**z** ⟶ pe**c**es   capa**z** ⟶ capa**c**es

Fíjate que la forma **yo** del presente de algunos verbos terminados en **-cer** y **-cir** termina en **-zco**.

    na**c**er ⟶ na**z**co   condu**c**ir ⟶ condu**z**co

Para sustituirla delante de las vocales **e, i**, la **z** cambia a **c** en los derivados de palabras que se escriben con **z**.

    anali**z**ar ⟶ anali**c**emos   pa**z** ⟶ pa**c**ífico

¡Atención! El verbo **hacer** se escribe con **c**, pero si se da una orden, se escribe con **z: haz**.

Haz tu tarea de matemáticas.   **Haz** las maletas para el viaje.

Práctica

1 **Plurales** Escribe el plural de las siguientes palabras.

1. luz: _____
2. actriz: _____
3. lápiz: _____
4. vez: _____

5. raíz: _____
6. feliz: _____
7. voz: _____
8. cicatriz: _____

2 **Oraciones** Escribe una oración completa con cada verbo en la forma **yo** del presente.

> **modelo**
>
> (ofrecer) *Yo ofrezco dulces a mis compañeros durante el almuerzo.*

1. (traducir) _____
2. (crecer) _____
3. (conocer) _____
4. (producir) _____

    Lección 8 Cuaderno para hispanohablantes   **117**

Lección 8

cultura

¡Hmmm, qué rico!

Bandeja paisa, plato típico de la región de Antioquía, Colombia

En América Latina hay una verdadera cultura de comidas deliciosas. Si uno sale a caminar por algún barrio a la hora de almuerzo, es muy probable que se le abra el apetito. Por todas partes se pueden sentir aromas ricos que inundan el ambiente. Y en todos los países hay recetas especiales y platos típicos que son característicos de la región.

En la zona central de México se prepara la barbacoa de borrego. La forma tradicional de prepararla es al interior de un hoyo en la tierra de aproximadamente un metro de profundidad. La noche anterior se depositan piedras al fondo del hoyo a las que se les prende fuego hasta que quedan al rojo vivo. Luego se cubren las paredes del hoyo con hojas de **maguey** y sobre las piedras se pone una cazuela con agua y verduras. Sobre la cazuela se coloca una rejilla que sostiene la carne del borrego envuelta en hojas de maguey. Después, el hoyo se tapa con más hojas de maguey, sacos mojados y tierra y encima se prende una fogata que dura toda la noche. Al día siguiente se abre el hoyo y se saca la carne ya cocida y la cazuela en la que se ha formado el consomé.

En Nicaragua, uno de los platos más populares se conoce como indio viejo. Se prepara con carne desmenuzada, cebolla, chile, pimiento dulce, tomate, jugo de naranja agria, el caldo de la carne y tortillas de maíz desmenuzadas.

En Panamá, el plato criollo más famoso es el sancocho. Se trata de una sopa de pollo con **ñame** condimentada con cebolla, ajo, sal, pimienta, cilantro y orégano. En otras regiones se hace a base de pollo, costilla de res, ñame, **ñampí**, **yuca**, maíz, ají picante y cilantro. El sancocho es un plato importante de la gastronomía panameña y se sirve como revitalizante a la hora del almuerzo, después de una pesada mañana de trabajo.

Después de tanta comida rica, ¿verdad que da hambre?

maguey: planta oriunda de México de hojas largas y carnosas; **ñame:** planta de hojas largas de corteza comestible; **ñampí:** tubérculo comestible; **yuca:** especie de mandioca

1 **Comprensión** Responde a las preguntas con oraciones completas.

1. ¿Qué comidas típicas describe el texto? ¿De qué países son?
______
2. ¿Con qué se cubren las paredes del hoyo donde se hace la barbacoa?
______
3. ¿Para qué se come el sancocho?
______
4. Si vas a un restaurante de comida típica, ¿cuál de estos tres platos pedirías? ¿Por qué?
______
5. ¿Qué platos típicos conoces? ¿Cuál es tu plato favorito? Descríbelo.
______

estructura

8.1 Pretérito de verbos con cambios en la raíz

▷ Como ya lo sabes, la raíz del pretérito cambia en algunos verbos terminados en **-ir**. Sin embargo, este cambio sólo afecta a las formas de los pronombres **Ud./él/ella** y **Uds./ellos/ellas**.

Pretérito de verbos *-ir* que cambian en la raíz		
	sugerir	**morir**
FORMAS EN SINGULAR		
yo	sugerí	morí
tú	sugeriste	moriste
Ud./él/ella	sug**i**rió	m**u**rió
FORMAS EN PLURAL		
nosotros/as	sugerimos	morimos
vosotros/as	sugeristeis	moristeis
Uds./ellos/ellas	sug**i**rieron	m**u**rieron

▷ Observa que en la raíz del pretérito la vocal **e** cambia a **i** en el verbo **sugerir** y que en el verbo **morir**, la vocal **o** cambia a **u**.

   (e ⟶ i) sug**e**rir: sug**i**rió, sug**i**rieron   (o ⟶ u) m**o**rir: m**u**rió, m**u**rieron

▷ Escribe los verbos que conozcas que tengan el mismo cambio en la raíz que **sugerir** y **morir**.

Verbos como **sugerir**	Verbos como **morir**
_____ _____	_____
_____ _____	_____

▷ **¡Atención!** Observa que los verbos **hervir** y **servir** se escriben con **v** chica en todas sus formas.

Mis primos se **sirvieron** jugo de naranja con el desayuno.

Yo ya **herví** el agua de la tetera.

Lección 8 Cuaderno para hispanohablantes   **119**

Lección 8

Práctica

1 **La cocina entretenida** Esta semana terminó el curso de cocina casera. Éstas son algunas de las actividades que realizaron los estudiantes. Completa el texto con el pretérito de los verbos de la lista.

corregir	elegir	hervir	medir	seguir	servirse

El señor González habló sobre la importancia de mantener todo muy limpio. Mostró a los estudiantes las instalaciones del lugar y luego todos (1) _____ sus utensilios para desinfectarlos. La primera tarea fue hornear una tartaleta de melocotones. Cada uno (2) _____ las cantidades de ingredientes para preparar la receta. El maestro (3) _____ la manera de preparar la masa para hacerla más sabrosa. Después de la primera clase, cada estudiante (4) _____ una porción de tartaleta. Al final del curso, el maestro (5) _____ el plato mejor preparado y el más novedoso.

2 **Preguntas** Responde a las preguntas con oraciones completas.

1. ¿Qué les serviste de comer a tus amigos/as cuando te visitaron el mes pasado?

_____

2. ¿Qué platos eligieron tus hermanos y tú la última vez que comieron juntos?

_____

3. ¿Qué te sugirió algún/alguna amigo/a esta semana?

_____

4. ¿Qué te repitieron tus papás la última vez que hablaste con ellos?

_____

3 **La peor cena** ¿Recuerdas la peor cena a la que asististe? Escribe una descripción de lo que ocurrió, cuándo sucedió, con quién estabas, qué platos probaste, por qué te pareció tan mala la cena. Usa el pretérito de por lo menos ocho verbos de la lista.

conseguir	dormirse	medir	preferir	servir
despedirse	impedir	pedir	repetir	sugerir

_____

_____

_____

_____

_____

_____

_____

Lección 8

8.2 Pronombres de objeto indirecto y directo juntos

▶ Los pronombres de objeto directo y de objeto indirecto reemplazan sustantivos que ya se han mencionado. Estos dos pronombres pueden usarse juntos. Observa el diagrama.

Pronombres de objeto indirecto			Pronombres de objeto directo	
me	nos	**+**	lo	los
te	os		la	las
le (se)	les (se)			

▶ Cuando los pronombres de objeto directo y de objeto indirecto se usan juntos, el pronombre de objeto indirecto siempre va antes del pronombre de objeto directo.

Isabel **me** pidió **el jugo**.   Isabel **me lo** pidió.

El chef **nos** sugiere **la ensalada verde**.   El chef **nos la** sugiere.

Te compraré **esos manteles blancos**.   **Te los** compraré.

▶ **¡Atención!** **Le** y **les** no se deben usar junto a un pronombre de objeto directo. En este caso, en lugar de estos pronombres debe usarse el pronombre **se** más el pronombre de objeto directo.

¿**Le** pediste más **sal** al camarero?

Sí, **se la** pedí.

Les preparé un **pastel de cumpleaños**.   **Se lo** preparé.

▶ Los pronombres de objeto directo son **lo, la, los** y **las**. Nunca uses los pronombres de objeto indirecto para reemplazar un objeto directo.

Contraté **un servicio de limusinas**. ⟶ **Lo** contraté.

Llamó **a la camarera**. ⟶ **La** llamó.

▶ Los pronombres de objeto indirecto y de objeto directo pueden unirse al verbo. Primero se añade el pronombre de objeto indirecto y después se añade el pronombre de objeto directo.

Quiero que **me la** sirva.   Sírva**mela**.

Se los quiero pedir.   Quiero pedír**selos**.

▶ Los pronombres unidos a un verbo forman una nueva palabra. La nueva palabra que se forma es una palabra esdrújula o sobresdrújula, por lo tanto debe llevar tilde.

sírvamela: sobresdrújula   pedírselos: esdrújula

Lección 8

Práctica

1 **Alimentación** Éstos son algunos comentarios de tu amigo Imanol sobre la forma cómo su familia se alimenta para mantener una buena salud. En la primera oración, subraya una vez el objeto directo y dos veces el objeto indirecto. En la segunda oración, escribe los pronombres de objeto directo e indirecto juntos.

> **modelo**
>
> Mi abuelita siempre tiene <u>un postre</u> para <u>mí</u>. Ella *me lo sirve apenas llego.*

1. Mi mamá prepara jugo de frutas para mí y mis hermanos. Ella _____ hace todas las mañanas.

2. La tía Isabel le escribió a su hijo que vive solo un recetario saludable. Ella _____ envió por correo.

3. Mi papá corta una porción de pastel para ti. Él _____ deja en un plato.

4. Mi abuela prepara una gran ensalada verde para mí. Ella _____ sirve por la tarde.

5. Mi mamá y mi papá compraron leche Crecer Fuerte para el bebé. Ellos _____ dan para que crezca fuerte.

6. Mi hermana le sirvió el té sin azúcar al tío Eduardo. Él _____ pidió así.

2 **Preguntas y respuestas** Escribe las respuestas, de acuerdo a cada pregunta. Usa los pronombres de objeto indirecto y de objeto directo juntos.

> **modelo**
>
> **CAMARERO 1** ¿Alguien puede llevarle el menú a las personas de esa mesa?
> **CAMARERO 2** *No te preocupes, yo puedo llevárselo.*

1. **MARÍA** ¿Por qué no me sirven mi plato todavía?
   CAMARERO 1 _____

2. **JOSÉ** ¿Quién va a tomar mi pedido?
   CAMARERO 2 _____

3. **CAMARERO 1** ¿Por qué no les dices que su plato ya no tarda?
   CAMARERO 2 _____

4. **CAMARERO 2** ¿Aún no les traen sus platos?
   JOSÉ Y MARÍA _____

5. **MARÍA** ¿Podrías pedir un jugo de naranja para mí?
   JOSÉ _____

6. **CAMARERO 1** ¿Alguien puede llevarle una silla a esa señora?
   CAMARERO 2 _____

8.3 Comparaciones

▷ Las comparaciones indican cuál de dos personas o cosas tiene una cualidad en mayor o menor grado o si ambas tienen una cualidad en el mismo grado. Las **comparaciones de igualdad** indican que dos personas o cosas son iguales en algún grado. Las **comparaciones de desigualdad** indican que una de las personas o cosas tiene una cualidad en mayor o menor grado.

Comparación de desigualdad	Comparación de igualdad
El pastel de manzana es **más rico que** el pastel de calabaza.	El jugo de maracuyá es **tan rico como** el de piña.

Comparación de desigualdad

▷ Las comparaciones de desigualdad se forman anteponiendo la palabra **más** o la palabra **menos** a adjetivos, adverbios y sustantivos. Después se agrega la palabra **que**. Cuando se usan para comparar verbos, primero se pone el verbo y después las expresiones **más que** y **menos que**.

El desayuno latino es **más ligero que** el almuerzo. Como **menos frutas que** tú.

Este plato **me gusta menos que** el de ayer. Nosotros **almorzamos más que** ustedes.

▷ Los comparativos son palabras que sirven para expresar comparaciones. Hay algunos comparativos que son irregulares en su formación

Adjetivo	Forma comparativa		Adjetivo	Forma comparativa
bueno/a	mejor		pequeño/a	menor
malo/a	peor		joven	menor
grande	mayor		viejo/a	mayor

Las ensaladas son **mejores que** las hamburguesas. El nuevo chef es **menor que** varios de sus asistentes.

Comparación de igualdad

▷ Las comparaciones de igualdad se construyen con la palabra **tan** seguida de un adjetivo o un adverbio más la palabra **como**.

Su lasaña es **tan rica como** la que hace mamá. El camarero nos atendió **tan rápido como** siempre.

▷ Cuando hay un sustantivo en la comparación, en lugar de **tan** se emplean las palabras **tanto, tanta, tantos** o **tantas** según el género y el número del sustantivo.

Tu vaso tiene **tanto jugo como** el mío. Rosa usa **tanta sal como** Ignacio.

Comí **tantos champiñones como** tú. La ensalada tiene **tantas aceitunas como** este pastel de carne.

▷ Las comparaciones de igualdad también se pueden construir con un verbo. En este caso, el verbo se escribe antes de la expresión **tanto como**.

Mi mamá **cocina tanto como** mi abuela. El horno microondas **calienta tanto como** el horno convencional.

Práctica

1 **Personas famosas** Escribe oraciones completas para expresar comparaciones entre los siguientes artistas. Usa los adjetivos de la lista para comparar sus cualidades. Si no conoces a estas personas, sugiere a otras para hacer tus comparaciones.

> **modelo**
>
> Benicio del Toro / Javier Bardem
> *Benicio del Toro es tan conocido como Javier Bardem.*

alto/a	conocido/a	joven	simpático/a
bajo/a	famoso/a	mayor	

1. Daddy Yankee / Marc Anthony

   _____

2. Penélope Cruz / Jennifer López

   _____

3. Gael García Bernal / Antonio Banderas

   _____

4. Gloria Estefan / Shakira

   _____

5. Adam Sandler / Ben Stiller

   _____

6. Ivy Queen / Christina Aguilera

   _____

2 **Las preferencias** Un miembro de tu familia y tú prefieren diferentes platos de comida o formas de prepararlos. Pero también coinciden en algunos gustos. Elige a uno/a de tus familiares y escribe un párrafo para contar lo que más te gusta comer a ti en comparación con lo que a él/ella le gusta. Después explica lo que a ti y a esa persona les gusta por igual. Usa **más que, menos que, tan como, tanto como.**

> **modelo**
>
> *Mi abuelo se sirve más sopa que yo. Yo como tantos tacos como mi abuelo.*

_____

_____

_____

_____

_____

_____

_____

_____

Lección 8

8.4 Superlativos

▷ Los superlativos se usan para expresar el grado más alto o más bajo de una cualidad.
Hay superlativos relativos y superlativos absolutos. Los superlativos relativos tienen la
siguiente estructura:

el/la/los/las + [*sustantivo*] + **más/menos** + [*adjetivo*] + **de**

La uva es **la fruta más rica de** todas.

Éstos son **los mariscos más
frescos de** América.

Pidió **los platos menos nutritivos del** menú.

Es **el restaurante menos
caro del** centro.

▷ Algunos superlativos tienen una forma irregular.

Adjetivo	Forma superlativa
bueno/a	el/la mejor
malo/a	el/la peor
grande	el/la mayor
pequeño/a	el/la menor
viejo/a	el/la mayor
joven	el/la menor

▷ El superlativo absoluto se forma agregando **-ísimo/a** a un adjetivo o a un adverbio
que termina en consonante. Los adjetivos o adverbios que terminan en una sola vocal
la pierden. Los adjetivos y adverbios que se usan para formar el superlativo pierden su
acentuación original. La nueva palabra se acentúa en la primera **í** de **-ísimo/a** porque es
una palabra esdrújula.

difícil ➝ dificil**ísimo/a**   ácido/a ➝ acid**ísimo/a**

dulce ➝ dulc**ísimo/a**   rápido/a ➝ rapid**ísimo/a**

▷ Cuando el adjetivo termina en **-io** o **-ia**, pierde las vocales finales y se agrega **-ísimo/a**.

limp**io** ➝ limp**ísimo**   suc**ia** ➝ suc**ísima**

▷ Cuando el adjetivo termina en **-ble**, esta terminación se pierde y se agrega **-bilísimo/a**.

ama**ble** ➝ ama**bilísimo/a**

no**ble** ➝ no**bilísimo/a**

▷ **¡Atención!** La partícula **-ísimo/a** que se agrega a los adjetivos o adverbios para formar
el superlativo se escribe sólo con una **s**.

bueni**s**imo   altí**s**ima   carí**s**imo   finí**s**ima

▷ Hay algunas palabras que cambian algunas letras para agregar la partícula **-ísimo/a**.

amar**go/a** ➝ amar**guísimo/a**   anti**guo/a** ➝ anti**quísimo/a**   ri**co/a** ➝ ri**quísimo/a**

▷ El superlativo absoluto también se puede formar anteponiendo un adverbio. Estas formas
se pueden usar en lugar de los superlativos absolutos terminados en **-ísimo.**

tarde ➝ **muy** tarde   temprano ➝ **sumamente** temprano
(o tardísimo/a)   (o tempranísimo/a)

Lección 8

Práctica

1 **Superlativos** De acuerdo a tu experiencia, piensa en cada una de estas cosas. Escribe
oraciones completas con superlativos exagerando sus cualidades o defectos.

> **modelo**
>
> alguien simpático Mi mejor amiga es la persona más simpática del mundo.

1. un plato rico _____

2. una película aburrida _____

3. un lugar divertido _____

4. un producto caro _____

5. algo interesante _____

6. un momento inolvidable _____

2 **¿Cómo es?** Escribe oraciones donde describas a personas que tú conoces. Primero expresa
cómo es de acuerdo con el adjetivo y luego transforma el adjetivo en superlativo.

> **modelo**
>
> lento Mi sobrino come muy lento. Es lentísimo.

1. bueno/a _____

2. joven _____

3. elegante _____

4. divertido/a _____

5. inteligente _____

6. feliz _____

3 **El mejor** Imagina que te integras a un club de cocina y que debes presentarte ante tus
compañeros. Escribe una descripción de ti mismo. Destaca lo mejor de ti. Exagera algunas de
tus características y presume de ellas por sobre tus amigos/as o personas de tu familia.

> **modelo**
>
> No soy el mayor de mi familia, pero sí soy el más inteligente...

_____

_____

_____

_____

_____

_____

_____

_____

Lección 8

adelante

Lectura

Antes de leer

¿Te gusta el pescado? ¿Qué pescado es tu favorito? ¿Cómo te gusta que venga preparado?

_____

_____

Para Sergio; Marina; Laura	De Homero	Asunto Delicias peruanas

Para: Sergio; Marina; Laura
De: Homero
Asunto: Delicias peruanas

Hola queridos amigos:

No podía dejar pasar la oportunidad de comentarles sobre el delicioso descubrimiento que acabo de realizar.

En mis habituales recorridos por distintos rincones de Miami, siempre en busca de los verdaderos "templos del sabor", me encontré hace poco con un restaurante peruano. En él reciben al visitante con un vals tradicional del Perú, *La flor de la canela*. Atraído por los aromas que acariciaban a este hambriento caminante (es decir, yo) y por la belleza del vals, decidí probar algunos platos llegados directamente desde las tierras de los incas.

Cuando una camarera limeña me trajo el menú, lo primero que me cautivó fue un ceviche de corvina. Resultó que el ceviche estaba para mejorar a cualquier enfermo. Es que la corvina debe ser uno de los pescados que tiene la carne más sabrosa. La corvina se puede preparar de muchas maneras: frita, al vapor y al horno, por nombrar algunas, y en todas esas formas es deliciosa.

Después, decidí probar un lomo **salteado** que me hacía señas desde el menú. Disfruté mucho el trozo de carne con tomates, cebollín picado y cebolla morada, todo eso aderezado con salsa de soya y vinagre. Realmente exquisito.

Quise terminar este viaje culinario con algo dulce. No sabía qué pedir, así que le pregunté a la camarera qué podía servirme. Ella, gentilmente, me recomendó un **suspiro**. "¿Qué será eso?", pensé. Ella, al ver mi cara de interrogación, me explicó que se trataba de un delicioso postre preparado con leche condensada, leche evaporada, yemas de huevo y vainilla.

Para que nada de lo que comí me hiciera mal, pedí un digestivo. Los digestivos son agüitas de hierbas, como la manzanilla o la menta, que se toman en América Latina después de una comida abundante para facilitar la digestión.

Mientras me traían la cuenta, observé con detenimiento el curioso decorado del restaurante. Aunque era de origen peruano, colgaban de sus paredes unas boleadoras de la pampa argentina, un **gorro** del altiplano y hasta un sombrero charro. Todo eso le daba al lugar un aspecto muy latinoamericano.

Lección 8

Lección 8 Cuaderno para hispanohablantes **127**

Para	De	Asunto

La cuenta me la trajo el propio dueño. Después de pagarle, me preguntó qué era lo que más me había gustado. Le respondí que el ceviche. Entonces, él me regaló la receta en una hoja especialmente impresa. Esto de regalar una receta es una atención que hace a todos los que visitan por primera vez el restaurante.

El restaurante se llama Delicias peruanas y está en pleno centro de la ciudad. Se lo recomiendo de veras y aquí les mando también la receta por si quieren preparar el ceviche.

Espero verlos pronto,
Homero (el gourmet errante)

Ceviche de corvina

Ingredientes

- 150 gramos de corvina cortada en cubos
- el jugo de cinco limones
- 1 cebolla morada
- 1 ramita de cilantro picado y apio
- 1 ají picado en cuadritos
- 100 gramos de choclo peruano
- 1 rebanada de camote
- sal, pimienta y sazonador al gusto

Preparación

- Colocar en un recipiente la corvina cruda y añadir el jugo de limón.
- Macerar durante tres minutos y seguir añadiendo los aliños, el ají, el apio, el cilantro y la cebolla morada.
- Dejar reposando unos 45 minutos.
- Servir en un plato decorado con lechuga y acompañado con maíz, camote y una rodaja de rocoto, que es una especie de ají del Perú.

salteado: en América Latina, sofrito; **suspiro:** postre peruano similar a la natilla, pero menos espeso; **gorro:** pieza redonda de tela o de punto para cubrir la cabeza; **corvina:** tipo de pez comestible; **choclo:** maíz; **camote:** tubérculo comestible de sabor dulce; **cruda:** sin cocinar; **Macerar:** ablandar

Después de leer

1

Comprensión e interpretación Responde a las preguntas con oraciones completas.

1. Según Homero, ¿de qué otras formas se puede preparar la corvina?

   _____

2. ¿Cuáles son los ingredientes principales del ceviche?

   _____

3. ¿Qué propósito crees que tiene Homero al escribir este mensaje electrónico?

   _____

4. ¿Si fueras dueño/a de un restaurante de comida típica, ¿qué platos del país de donde viene tu familia ofrecerías en el menú?

   _____

Escritura

Estrategia

Expresar y fundamentar opiniones

Las críticas son sólo uno de los tantos tipos de escritos en los que debes expresar tus opiniones. Para convencer al lector de que tome tus opiniones en serio, es importante fundamentarlas lo mejor que puedas. Debes dar detalles, hechos, ejemplos y otras formas de evidencia. En una crítica culinaria, por ejemplo, no sólo basta con evaluar la comida, el servicio y el ambiente. Los lectores querrán detalles sobre los platos que ordenaste, el tipo de servicio que recibiste y el tipo de ambiente que había. Si vas a escribir la crítica de un concierto o de un álbum, ¿con qué tipo de detalles esperarían encontrarse tus lectores?

Es más fácil incluir detalles que apoyen tus opiniones si primero haces un plan. Antes de ir a un lugar o a un evento que planeas comentar, escribe una lista con preguntas que tus lectores podrían plantearse. Decide qué aspectos de la experiencia vas a evaluar y enumera los detalles que van a ayudarte a decidir sobre una calificación. Luego puedes organizar estas listas en un cuestionario y en una hoja de evaluación. Lleva estas formas contigo para ayudarte a formar tus opiniones y para recordarte el tipo de información que debes reunir para apoyar estas opiniones. Más tarde, estas formas te permitirán organizar tu crítica en categorías lógicas. También pueden proporcionarte detalles y otras evidencias que necesitas para convencer a tus lectores acerca de tus opiniones.

TEMA: Escribir una crítica

Antes de escribir

1 Vas a escribir una crítica culinaria sobre un restaurante local. Antes de escribirla, tienes que preparar un cuestionario y una hoja de evaluación para formar tus opiniones y para recordar la información que vas a incluir en tu crítica del restaurante.

2 Trabaja con un(a) compañero/a de clase para crear un cuestionario. Pueden usar las siguientes preguntas u otras de su propia invención. Deben incluir las cuatro categorías indicadas.

▶ **La comida**

¿Qué tipo de comida es? ¿Es de buena calidad? ¿Qué tipo de ingredientes usan? ¿Cuál es el mejor plato? ¿Y el peor? ¿Quién es el/la chef?

▶ **El servicio**

¿Es necesario esperar mucho por una mesa? ¿Tienen los camareros un buen conocimiento del menú? ¿Atienden a los clientes con rapidez y cortesía?

▶ **El ambiente**

¿Cómo es la decoración del restaurante? ¿El ambiente es informal o elegante? ¿Hay música o algún tipo de entretenimiento?

▶ **Información práctica**

¿Cómo son los precios? ¿Se aceptan tarjetas de crédito? ¿Cuál es la dirección y el número de teléfono? ¿Quién es el/la dueño/a? ¿Y el/la gerente?

Lección 8

3 Después de escribir el cuestionario, usen las cuatro categorías y la lista de preguntas para crear una hoja de evaluación. Un restaurante recibe cinco estrellas si es buenísimo y sólo una estrella si es malísimo. Miren este ejemplo de cómo organizar una hoja de evaluación.

Nombre del restaurante:	Número de estrellas:
1. La comida	
Tipo:	
Calidad:	
Ingredientes:	
Mejor plato:	
Peor plato:	
Datos sobre el/la chef:	

4 Usa la hoja de evaluación para evaluar un restaurante que conozcas. Si lo conoces bien, quizás no es necesario comer allí para llenar la hoja de evaluación. Si no lo conoces bien, debes comer en el restaurante y usar la hoja de evaluación para comentar tu experiencia. Trata de incluir comparativos y superlativos en tus comentarios y opiniones.

Escribir

Usa tu hoja de evaluación para escribir tu crítica culinaria. Escribe seis párrafos:
1. una introducción con tu opinión general del restaurante
2. una descripción de la comida
3. una descripción del servicio
4. una descripción del ambiente
5. un párrafo para dar información práctica sobre el restaurante
6. una conclusión para recalcar tu opinión y dar una sugerencia para mejorar el restaurante

Después de escribir

1 Intercambia tu borrador con un(a) compañero/a. Coméntalo y contesta las preguntas.
- ¿Escribió tu compañero/a una introducción con una evaluación general del restaurante?
- ¿Escribió párrafos sobre la comida, el servicio, el ambiente y uno con información práctica?
- ¿Escribió una conclusión con una opinión y una sugerencia para el restaurante?
- ¿Usó tu compañero/a comparativos y superlativos para describir el restaurante?
- ¿Qué detalles añadirías? ¿Qué detalles quitarías? ¿Qué otros comentarios tienes?

2 Revisa tu informe de acuerdo con los comentarios de tu compañero/a. Después de escribir la versión final, léela otra vez para eliminar errores en:
- la ortografía
- la puntuación
- el uso de letras mayúsculas y minúsculas
- la concordancia entre sustantivos y adjetivos
- el uso de verbos en el presente de indicativo
- el uso de verbos en el pretérito
- el uso de comparativos y superlativos

Lección 8 *(margin)*

contextos

1 **Con otras palabras** Escribe una oración completa que exprese la misma idea, pero sin usar las palabras subrayadas.

> **modelo**
>
> El lunes en la mañana tengo una cita con mi dentista.
> *Mi dentista y yo acordamos reunirnos el lunes en la mañana en su consultorio.*

1. ¿Quién va a brindar primero por los novios?

   _____

2. Si mamá se jubila, va a ir unos meses a Puerto Rico.

   _____

3. Verónica celebró su cumpleaños con una fiesta familiar.

   _____

4. Mi abuelo está viudo desde hace seis años.

   _____

5. Carla odia las fiestas y la música.

   _____

6. Sergio se comprometió con Hortensia el dos de marzo.

   _____

2 **Antónimos** Escribe un antónimo para cada palabra. Después escribe una oración completa en que estén ambas palabras.

> **modelo**
>
> aburrirse: *divertirse*
> *David no se aburre, porque conversa y se divierte con su pareja de baile.*

1. nacimiento: _____

   _____

2. casado: _____

   _____

3. tristeza: _____

   _____

4. odiar: _____

   _____

5. estresarse: _____

   _____

6. casarse: _____

   _____

3 **Quinceañera** Completa el siguiente diálogo con los verbos de la lista. Haz todos los cambios necesarios.

brindar	comprometerse	invitar	relajarse
casarse	divertirse	jubilarse	sonreír
celebrar	graduarse	regalar	sorprender

INVITADO La quinceañera está un poco nerviosa. No logra (1) _____.

INVITADA Es verdad. Ella (2) _____, pero se nota que es una sonrisa forzada.

INVITADO Me (3) _____ que ya tenga quince años. Parece que fue ayer cuando era una niña de apenas cinco años.

INVITADA ¡Y se ve tan bien! Lleva puesto un vestido que le (4) _____ su madrina de Guadalajara.

INVITADO Mira, su padre la (5) _____ a la pista. Escucha, ya se oye un vals. Él se ve feliz.

INVITADA Claro, es su consentida, la hija menor. Dicen que él va a (6) _____ pronto. Seguro que entonces va a hacer un viaje a México con su esposa.

INVITADO Fíjate, ahora se ve más tranquila. Ahora sí que (7) _____ su fiesta con gusto.

INVITADA El padrino va a (8) _____ por la quinceañera. Prepararon unos refrescos riquísimos.

INVITADO Se nota que todos (9) _____ mucho, incluso su hermano mayor.

INVITADA Dicen que él pronto va a (10) _____ de veterinario.

4 **La última fiesta** ¿Qué hiciste la última vez que fuiste a una fiesta? ¿Qué comiste? ¿Cómo lo pasaste? Escribe un párrafo con muchos detalles sobre esa fiesta. Usa por lo menos ocho expresiones de la lista. También puedes incluir otras palabras de la lección.

adolescencia	estado civil	juventud	relajarse
aniversario	graduarse	llevarse bien	sonreír
celebrar	invitar	regalo	sorprender

_____

_____

_____

_____

_____

_____

_____

_____

Lección 9

pronunciación y ortografía

h, j y g

En español, la letra **h** no se pronuncia.

| **h**elado | **h**ombre | **h**ola | **h**ermosa |

La letra **j** tiene un sonido fuerte, como en la palabra **jota**.

| **J**osé | **j**ubilarse | de**j**ar | pare**j**a |

La letra **g** puede pronunciarse de tres maneras. Ante las vocales **e, i** la letra **g** se pronuncia como la **jota**.

| a**g**encia | **g**eneral | **g**il | **G**eor**g**ina |

En cualquier otra posición, la **g** del español tiene un sonido más suave, como en la palabra **gato**.

| **G**ustavo, me **g**radué en a**g**osto. |

En las combinaciones **gue** y **gui**, la **g** se pronuncia como en **gato** y la **u** no se pronuncia. En las combinaciones **gua** y **guo**, la **g** también se pronuncia como en **gato** pero la **u** sí se pronuncia.

| Mi**gue**l | conse**gui**r | **gua**ntes | anti**guo** |

Práctica

1 **Sonidos** Clasifica las siguientes palabras según el sonido de la **g**, como en **gato** o como en **jota**.

1. pagué	4. género	7. saguaro
2. amigo	5. averiguo	8. guitarra
3. laguna	6. vigila	9. girar

Como en **gato**		Como en **jota**	

2 **Trabalenguas** Lee los siguientes trabalenguas en voz alta. Memorízalos y dilos lo más rápido que puedas.

1. De Guadalajara vengo. Jara traigo, jara vendo, a medio doy cada jara. ¡Qué jara tan cara traigo de Guadalajara!
2. Ahora hay un huequito hondo que llega hasta el fondo.

Lección 9

cultura

Fiesta quinceañera

En México y en otros países de América Latina las familias organizan una fiesta muy especial cuando alguna de las hijas cumple quince años. Se trata de la fiesta quinceañera, que es un verdadero ritual con el que se despide la niñez y se le da la bienvenida a la juventud. La quinceañera tiene su origen en una ceremonia azteca para celebrar el paso de la niñez a la madurez de una mujer. Los conquistadores españoles tomaron esta ceremonia y la adaptaron a la tradición católica y algunos de los detalles varían de un país a otro.

Como la quinceañera quiere verse especialmente hermosa ese día, se viste en forma muy elegante, generalmente de colores pasteles: rosa, azul claro, lila, también lleva una corona y guantes. La festividad se inicia con una **misa de acción de gracias**, a la que le sigue un banquete que puede realizarse en la casa de la cumpleañera o en algún salón **alquilado**. Entre los invitados siempre está toda la familia (padres, hermanos, tíos, sobrinos, abuelos, primos) y muchos amigos.

En esta fiesta, la muchacha baila un vals con su padre y algunos parientes varones. También es común que las damas de honor y los **chambelanes** bailen un vals, que puede ser tradicional o moderno, como la canción titulada *Tiempo de vals*, del cantante puertorriqueño Chayanne. Luego, la quinceañera invita a todos los presentes a bailar.

Después del vals o a la hora del pastel, los mariachis (regalo de los padrinos) cantan la canción tradicional *Las Mañanitas*. Esta canción también puede cantarse en la casa antes de salir para la iglesia, al salir de la iglesia o en la recepción.

La fiesta quinceañera es cada vez más popular, incluso entre los estadounidenses. Y algunas familias gastan mucho dinero en ella. La dueña de una tienda especializada en fiestas como ésta, dice: "Cada vez se celebra más esta fiesta y las niñas tienen la ilusión de que tendrán su gran ceremonia cuando lleguen a ser quinceañeras."

Fiesta quinceañera en Miami

misa de acción de gracias: ceremonia religiosa para agradecer por los beneficios recibidos; **alquilado**: rentado; **chambelanes:** jóvenes que acompañan a la festejada

---

1 **Comprensión** Responde a las preguntas con oraciones completas.

1. ¿Qué se celebra en la fiesta quinceañera?

   _____

2. ¿Qué quiere decir que la fiesta sea un verdadero ritual?

   _____

3. ¿Por qué crees que hoy la fiesta quinceañera se hace cada vez más importante?

   _____

4. ¿Crees que se justifica que a veces los padres gasten mucho dinero en esta fiesta? ¿Por qué?

   _____

5. ¿Has asistido alguna vez a una fiesta quinceañera? Si respondiste que sí, ¿cómo fue? Si respondiste que no, ¿te gustaría asistir a una?

   _____

estructura

9.1 Pretéritos irregulares

▶ Con excepción de las formas **yo** y **Ud./él/ella**, los pretéritos irregulares tienen la misma terminación que los pretéritos regulares de los verbos terminados en **-er** e **-ir**. Lo único que cambia es la raíz. Escribe las terminaciones del pretérito regular del verbo **escribir**.

yo escrib_____   nosotros/as escrib_____

tú escrib_____   vosotros/as escribisteis

Ud./él/ella escrib_____   Uds./ellos/ellas escrib_____

Verbos con *-u-* en la raíz

▶ Los verbos que en pretérito se conjugan como el verbo **tener** tienen una **u** en la raíz. Algunos de los verbos que tienen **u** en la raíz del pretérito son **poner** y **estar**. Completa la tabla.

Verbos con *-u-* en la raíz			
	tener	poner	estar
yo	tuve	_____	estuve
tú	_____	pusiste	_____
Ud./él/ella	tuvo	_____	estuvo
nosotros/as	_____	pusimos	_____
vosotros/as	tuvisteis	_____	estuvisteis
Uds./ellos/ellas	_____	pusieron	_____

▶ **¡Atención!** Observa que las formas en pretérito de los verbos **tener** y **estar** siempre se escriben con **v**, nunca con **b**.

   Dalia **estuvo** estudiando toda la noche.   **Tuve** dolor de cabeza toda la tarde.

Verbos con *-i-* en la raíz

▶ Los verbos que en pretérito se conjugan como el verbo **venir** tienen una **i** en la raíz. Uno de los verbos que tiene **i** en la raíz del pretérito es **hacer**. Completa la tabla.

Verbos con *-i-* en la raíz		
	venir	hacer
yo	vine	_____
tú	_____	hiciste
Ud./él/ella	vino	_____
nosotros/as	_____	hicimos
vosotros/as	vinisteis	hicisteis
Uds./ellos/ellas	_____	hicieron

▶ **¡Atención!** En el pretérito del verbo **hacer**, sólo la forma **Ud./él/ella** se escribe con **z**: **hizo**. Todas las demás formas se escriben con **c**.

   Leonardo **hizo** un pastel de tres pisos.   **Hicimos** un viaje por el Caribe.

Lección 9

Verbos con -j- en la raíz

▶ Los verbos que en pretérito se conjugan como el verbo **decir** tienen una **j** en la raíz. Algunos de los verbos que tienen **j** en la raíz del pretérito son **traer** y **conducir**. Completa la tabla.

Verbos con -j- en la raíz			
	decir	**traer**	**conducir**
yo	dije	_____	_____
tú	_____	trajiste	condujiste
Ud./él/ella	dijo		_____
nosotros/as	_____	trajimos	_____
vosotros/as	dijisteis	trajisteis	condujisteis
Uds./ellos/ellas	_____		condujeron

▶ **¡Atención!** Observa que en estos verbos, las formas **Uds./ellos/ellas** nunca llevan **i** en la terminación.

¿Ustedes traj**eron** los postres?   Omar y Celia dij**eron** la verdad.

▶ **¡Atención!** Recuerda que las formas para **tú** en pretérito nunca terminan en **-s: hiciste, tuviste, viniste, dijiste.**

▶ Observa los verbos de la tabla e indica a qué grupo pertenece cada uno de acuerdo con su cambio de raíz en el pretérito. Después, da las dos formas que se piden para cada verbo. Puedes consultar tu libro de texto si es necesario.

verbos	grupo	conjugar	
venir	*verbos con -i- en la raíz*	nosotras **vinimos**	yo **vine**
poder	_____	yo _____	ellos _____
traducir	_____	nosotros _____	tú _____
querer	_____	él _____	ustedes _____
saber	_____	tú _____	ella _____
producir	_____	yo _____	ellas _____

▶ El pretérito del verbo **dar** tiene las mismas terminaciones que los pretéritos regulares de los verbos terminados en **-er** e **-ir**, pero sus terminaciones no llevan acento.

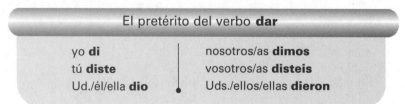

El pretérito del verbo **dar**	
yo **di**	nosotros/as **dimos**
tú **diste**	vosotros/as **disteis**
Ud./él/ella **dio**	Uds./ellos/ellas **dieron**

▶ Recuerda que el pretérito del verbo **haber** es **hubo**, tanto en singular como en plural.

Hubo una excelente fiesta.   **Hubo** muchos invitados.

Práctica

1 **Anécdotas** Ayer fue una noche de recuerdos entretenidos. Tus padres y tus tíos contaron algunas anécdotas que sucedieron en algunas fiestas familiares. Completa los diálogos con las formas en pretérito de los verbos de la lista.

conducir	decir	haber	poder	tener
dar	estar	hacer	poner	traducir

TÍA INÉS ¿Se acuerdan de la boda de Luis?

TÍO JONÁS Esa vez, Inés y yo (1) _____ toda la noche para llegar a tiempo.

PAPÁ ¿Y qué pasó? ¿(2) _____ en la iglesia a tiempo?

TÍA INÉS ¡No! Nos pasamos de largo. (3) _____ que regresarnos varios kilómetros.

MAMÁ En el cumpleaños de la abuela Valentina (4) _____ muchos invitados.

PAPÁ ¡Sí! ¡Y Felipe le ayudó a apagar las velas porque ella no (5) _____ apagarlas sola!

PAPÁ En el cumpleaños de Amelia, (nosotros) no (6) _____ en la mesa los cuchillos para la carne y nadie reclamó.

MAMÁ ¡Uf! Me acuerdo. Y mi amiga Anita me (7) _____ un hermoso regalo.

TÍA INÉS Esa noche fue muy divertida. Y para hacer un brindis, Filomena y Nicolás (8) _____ un discurso ¡de quince minutos!

2 **Lo bueno del año** Hoy tienes una reunión de fin de año con tu clase. El/La profesor(a) le entrega una hoja a cada uno. En ella deben escribir oraciones destacando lo que hicieron algunos compañeros durante el año. Usa los verbos en pretérito.

> **modelo**
> Catalina / siempre / estar / atento en clase
> *Catalina siempre estuvo atenta en clase.*

1. José y Laura / traducir / canciones para la clase

   _____

2. Mariela y yo / siempre / traer / materiales para la clase

   _____

3. tú / siempre / decir / la verdad

   _____

4. Profesor(a), usted / tener / paciencia / con nosotros

   _____

5. yo / poner / mucho empeño / en aprender

   _____

6. Antonio / hacer / grandes amigos / este año

   _____

Lección 9

3 **El Fin de Año** ¿Recuerdas cómo fue tu última celebración de Fin de Año? Responde a las siguientes preguntas.

1. ¿Quiénes estuvieron en tu casa para la pasada celebración de Fin de Año?

   _____

2. ¿Quién puso la mesa? ¿Cuántos cubiertos puso?

   _____

3. ¿Qué trajeron los invitados para la cena?

   _____

4. ¿Qué hubo para la cena?

   _____

5. ¿Quién dijo el discurso antes de cenar?

   _____

6. ¿Cómo estuvo la cena?

   _____

4 **¡Sorpresa!** Marcos llegó a su casa y se encontró con todos sus amigos. Ellos le prepararon una fiesta de cumpleaños sorpresa. Usa los verbos de la lista para escribir un párrafo donde describas lo que sucedió ese día.

dar
decir
estar
haber
hacer
poner
traer
venir

modelo

Marcos tuvo una fiesta de cumpleaños sorpresa.

_____

_____

_____

_____

_____

_____

Lección 9

9.2 Verbos que cambian de significado en el pretérito

▶ Los verbos **conocer, saber, poder** y **querer** cambian de significado cuando se usan en pretérito. Por eso, cada uno de estos verbos corresponde a más de un verbo en inglés, según se usen en presente o en pretérito. Observa la siguiente tabla y las oraciones que van a continuación.

Verbo	Presente	Pretérito
conocer	*to know*	*to meet*
poder	*to be able (to), can*	*to manage; to succeed (could and did)*
querer	*to want*	*to try*
saber	*to know*	*to find out; to learn*

¿Conoces a Silvia?
Do you know Silvia?

La **conocí** en una boda.
I met her at a wedding.

Sabemos bailar salsa.
We know how to dance salsa.

Supe que se casó.
I found out he got married.

Puede graduarse este año.
He can graduate this year.

Pudo graduarse de ingeniero.
He managed to graduate as an engineer.

Quiero invitar a muchos amigos.
I want to invite a lot of friends.

Quise invitarlos, pero no pude.
I tried to invite them, but I couldn't.

▶ El pretérito del verbo **conocer** es regular.

Conocí a Sergio el año pasado.

Ellos **conocieron** a mis padres anoche.

▶ El pretérito de los verbos **saber, poder** y **querer** son irregulares. Como ya sabes, el pretérito de los verbos **saber** y **poder** se conjuga como el verbo **tener**, ya que también lleva **u** en la raíz.

¿Supiste que Carlos estuvo de vacaciones?

No **pudimos** encontrar el regalo que buscábamos.

▶ El pretérito del verbo **querer** se conjuga como el verbo **venir**, ya que también lleva **i** en la raíz.

Quise venir a la fiesta, pero me quedé dormido.

Manuel **quiso** regalarle flores a Ana.

▶ En el pretérito, los verbos **poder** y **querer** tienen distintos significados, dependiendo si se usan en oraciones afirmativas o negativas.

pude   *I was able (to)*
no pude   *I failed (to)*

quise   *I tried (to)*
no quise   *I refused (to)*

Por fin **pudimos** terminar nuestro trabajo.
At last we were able to finish our job.

Ariel **quiso** llamar a Marta para felicitarla.
Ariel tried to call Marta to congratulate her.

No pude pasar el examen de álgebra.
I failed to pass the algebra exam.

¿Por qué **no quisiste** comprar anillos?
Why did you refuse to buy rings?

Lección 9

Práctica

1 **Conjugar** Completa la siguiente tabla con las formas del pretérito de los verbos. Consulta tu libro de texto si es necesario.

	conocer	saber	poder	querer
yo	_____	_____	_____	_____
tú	_____	_____	_____	_____
Ud./él/ella	_____	_____	_____	_____
nosotros/as	_____	_____	_____	_____
vosotros/as	conocisteis	supisteis	pudisteis	quisisteis
Uds./ellos/ellas	_____	_____	_____	_____

2 **Solidaridad** Este año, Federico ayudó a organizar una fiesta de Navidad para los niños pequeños de su vecindario en el centro comunitario. Imagina lo que ocurrió ese día. Usa el pretérito de los verbos **poder, saber, querer** y **conocer** para contar lo que sucedió. Escribe oraciones completas.

> **modelo**
>
> Federico / conocer
> *Federico conoció a muchas personas que ayudan en forma desinteresada.*

1. Federico / poder _____

2. su abuelo / querer _____

3. Ana / saber _____

4. sus hermanos / conocer _____

5. niños / poder _____

6. Federico y tú / querer _____

3 **Día horrible** Imagina que en el Día de Acción de Gracias todo te salió mal. No te resultó nada de lo que querías hacer. Escribe un párrafo para contar lo mal que lo pasaste ese día. Usa el pretérito de **conocer, poder, querer** y **saber.**

_____

_____

_____

_____

_____

_____

_____

_____

_____

9.3 ¿Qué? y ¿cuál?

▶ Las palabras **¿qué?** y **¿cuál?** (o **¿cuáles?**) son interrogativas. Cada una de estas palabras tiene usos diferentes.

¿Qué?

▷ Se usa para pedir una definición o una explicación.

¿Qué es una torta?

¿Qué celebras hoy?

▷ Puede usarse antes de un sustantivo.

¿Qué música prefieres?

¿Cuál? (o ¿Cuáles?)

▷ Se usa cuando hay una alternativa entre varias posibilidades.

¿Cuál de las fiestas te gusta más?

¿Cuáles son las sorpresas?

▷ No puede usarse antes de un sustantivo.

▶ **¡Atención!** Observa que las palabras **¿qué?, ¿cuál?** y **¿cuáles?** llevan tilde porque son interrogativas. Si se usan en cualquier otra forma, por ejemplo como pronombres relativos, no deben llevar acento.

¿Qué quieres cenar hoy?

¿Cuál de estas jóvenes es la quinceañera?

¿Cuáles son los mejores años de la vida?

Quiero **que** bailemos.

La quinceañera es una fiesta en la **cual** una chica celebra sus quince años.

Vinieron veinticinco invitados, de los **cuales** doce son parientes de la novia.

▶ Las palabras interrogativas **qué** y **cuál** llevan acento incluso cuando no están en una pregunta explícita.

No sé **qué** decirte.

Me imagino **qué** están pensando estas personas.

Pregúntale **cuál** es su coche.

Nunca puedo recordar **cuál** de tus amigos es Rafael.

▶ La palabra interrogativa **¿qué?** puede usarse con la preposición **por** para preguntar por una causa. En la pregunta, se escriben como dos palabras: **¿Por qué?** En la respuesta, se escriben como una sola palabra y sin tilde: **porque.**

¿Por qué no bailas vals?

¿Por qué no te has casado?

Porque no sé bailarlo.

Porque aún soy demasiado joven.

▶ Con la palabra interrogativa **¿qué?** pueden usarse otras preposiciones. Observa que, en las preguntas, la palabra **¿qué?** siempre lleva tilde.

¿A qué vienes?

¿Con qué cuchillo partiste el pastel?

¿De qué te ríes?

¿En qué piensas?

¿Hacia qué lado está el salón de baile?

¿Para qué te preocupas?

Lección 9

Lección 9 Cuaderno para hispanohablantes   **141**

Práctica

1 **Interrogatorio** Ayer fue la fiesta quinceañera de la mejor amiga de Carla. Su mamá le ha hecho varias preguntas sobre esa celebración. Escribe sus preguntas de acuerdo a las respuestas.

1. _____

   Ella usó el vestido verde que le regaló su madrina.

2. _____

   No usó el vestido celeste porque lo guardó para su prima Betsabé.

3. _____

   Me gustaron el merengue y el reggaetón.

4. _____

   Primero me invitó Tomás y luego me invitó Wilfredo.

5. _____

   ¡Uf! El ritmo que más me costó trabajo fue el vals. Nunca lo había bailado.

6. _____

   Había canapés y pasteles para comer.

2 **La boda** Tu prima va a casarse pronto, pero hoy está enferma y no pudo ir a la empresa de servicios de fiestas. Por eso, ella envió un correo electrónico para responder a las preguntas que el encargado le hizo. Según el mensaje, ¿qué preguntas crees que le hicieron? La primera pregunta es el modelo.

Para	De	Asunto

> Prefiero que las mesas estén en dirección al este, así el sol
> no les molestará a los invitados. Por favor, quiero que haya
> flores blancas en las mesas. Los manteles pueden ser los de
> color blanco o amarillo claro que me mostró. Después de una
> larga conversación, mi novio y yo elegimos el menú número uno
> que usted nos ofreció. La cena debe estar lista a las ocho de
> la noche.

1. dirección de las mesas

   ¿Hacia qué dirección prefiere que estén las mesas?

2. color de las flores

   _____

3. manteles

   _____

4. menús

   _____

5. hora de la cena

   _____

Lección 9

9.4 Pronombres después de preposiciones

▶ Los pronombres preposicionales son los que van después de una preposición.

Los novios me invitaron **a mí**.   Me preguntaron **por él**.
Este regalo es **para ti**.   Miguel se divirtió **con nosotros**.
¿Puedo bailar **con usted(es)**?   **A ellas** les toca dejar la propina.

▶ **¡Atención!** El pronombre **mí** lleva tilde para diferenciarlo del posesivo **mi**. El pronombre **ti** nunca lleva tilde.

PRONOMBRE	POSESIVO
¿Este pastel es para **mí**?	Este pastel es para **mi** hijo.

▶ **¡Atención!** Recuerda que el pronombre **él** lleva acento para diferenciarlo del artículo **el**, que no lleva acento.

▶ La preposición **con** se combina con los pronombres **mí** y **ti** para formar las palabras **conmigo** y **contigo**.

Mariano conversó **conmigo**.   ¿Así que Andrea se graduó **contigo**?

▶ Después de la preposición **entre**, van los pronombres **tú** y **yo** en lugar de los pronombres **ti** y **mí**.

Práctica

1 **En español** Completa las oraciones con el equivalente en español de las frases en inglés.

1. *with me:* ¿Vas a ir a la fiesta _____ .

2. *between you and me:* Esto debe quedar _____ .

3. *with you:* Pancho, creo que iré _____ .

4. *with her:* Hoy vamos a almorzar _____ .

5. *between us:* Es un secreto _____ .

6. *to me:* Dímelo _____ .

7. *for me:* ¡No me digas que esta sorpresa es _____ .

8. *about you:* Siempre pienso _____ .

2 **La carta** Imagina que tus tíos te enviaron una carta para invitarte a pasar unas vacaciones con ellos. Escribe la carta que ellos te mandaron. Usa la mayor cantidad de pronombres preposicionales que puedas.

> **modelo**
>
> Esta temporada queremos estar más tiempo contigo...

_____

_____

_____

_____

Lección 9

adelante

Lectura

Antes de leer

Imagina que en tu escuela te encargaron diseñar la nueva revista escolar que próximamente se editará. ¿Qué secciones incluirías? ¿Qué títulos les darías?

_____

_____

¡Adiós, profesora Castillo!

Por *Luisa Lane*

Nuestra profesora de español, la señora Carmen Castillo Guerra, ha decidido jubilarse y a partir del próximo año, lamentablemente ya no estará con nosotros. Ahora ella quiere disfrutar de un merecido descanso, después de treinta años dedicados a la enseñanza. Por una parte, nuestra profesora está feliz, porque después de tanto tiempo va a poder levantarse por la mañana y disponer de todo el día para ella: ir de compras, visitar a sus hijos y nietos, salir a pasear con su marido, leer un buen libro. Pero por otro lado, nos va a echar mucho de menos. "Cuando me jubile, voy a extrañar todo esto: las clases, los estudiantes, el periódico...", nos contó muy conmovida.

La profesora Castillo estudió español en la UBA (Universidad de Buenos Aires) y después obtuvo un postgrado en la Universidad de Stanford. Cuando terminó sus estudios de doctorado, decidió quedarse a vivir en los Estados Unidos. "La verdad es que en ese tiempo conocí a Joe y nos casamos". Ese "Joe" del que habla la profesora Castillo es, como ya lo saben, Mr. Barrows, el profesor de literatura inglesa que se jubiló hace dos años.

La profesora Castillo trabajó en nuestra escuela nada menos que ¡veinte años! Y no sólo eso. También **se destacó** por ser siempre una profesora encantadora y por enseñar muy bien el idioma de Cervantes. La verdad es que no conozco a nadie que no sienta aprecio por ella. El próximo año todos los que la conocemos vamos a estar un poco tristes.

Profe, le deseamos mucho éxito en esta nueva etapa de su vida. Que sea feliz, porque se lo merece.

Breves ... breves ... breves

Recuerden que en junio será la fiesta de graduación. Estuvimos averiguando los precios de los vestidos para el *prom*. En promedio cuestan más o menos trescientos dólares. Para ellos, en el próximo número tendremos novedades en **esmóquines**.

Este mes, estuvieron de cumpleaños tres compañeros de primer año (Eugenia, Mariana y José), más dos compañeros de tercer año (Fanny y Jorge). Felicidades a todos. El próximo mes estará de cumpleaños la directora de nuestra revista, así que ya estamos preparando la fiesta. Les avisaremos.

Hace poco, nuestro profesor de ciencias de cuarto año ¡fue papá! Su esposa, que también es profesora, dio a luz a una hermosa bebita. ¿Su nombre? Marta. Sus padres están felices. Desde acá, les deseamos lo mejor.

Lección 9

¡Las Águilas vencen a los Gorilas!

Por *Corazón de Águila*

El sábado recién pasado, el equipo de fútbol americano de la escuela ganó el campeonato del estado. Las Águilas vencieron a los Gorilas por 45 puntos contra 4. Fue realmente un gran triunfo. ¡Una verdadera **"paliza"**! El público que llenó el estadio se mantuvo atento todo el juego y nunca dejó de **alentar** a los equipos.

Nuestros jugadores **se lucieron** y realizaron un partido fantástico. Hay que destacar a los corredores y a los recibidores, que tuvieron mucha **movilidad**. Pero el que sin duda se llevó todos los aplausos fue nuestro **mariscal de campo**, Ismael Miranda, un chico de último año.

Seguramente ustedes lo han visto entrenar casi a diario en la cancha del estadio. Ismael está siendo tentado por un par de universidades para que juegue por ellas el próximo año. Sin embargo, hay muchos que piensan que pronto estará jugando en la Liga Nacional. Ismael Miranda es realmente muy bueno y tiene un gran futuro.

Desde este periódico le enviamos a todo el equipo nuestras más sinceras felicitaciones. Valoramos el esfuerzo que hicieron para mantener la tradición de nuestra escuela. ¡Siempre hemos tenido grandes equipos de fútbol!

se destacó: sobresalió; **esmóquines:** sacos o chaquetas elegantes; **paliza:** amplia diferencia de puntos; **alentar:** animar, dar aliento; **se lucieron:** hicieron un excelente trabajo; **movilidad:** agilidad; **mariscal de campo:** quarterback

Después de leer

1 **Comprensión e interpretación** Responde a las preguntas con oraciones completas.

1. ¿Cuándo cumplirá años la directora de la revista?

   _____

2. ¿Cuántos años trabajó la profesora Castillo en esta escuela?

   _____

3. ¿Por qué decidió jubilarse la profesora?

   _____

4. ¿Por qué razón la profesora decidió no volver a su país de origen?

   _____

5. ¿Cuál será el futuro deportivo de Ismael?

   _____

6. ¿Por qué Corazón de Águila califica la victoria de su equipo como una "paliza"?

   _____

7. ¿Qué características hacen que un maestro sea querido por los estudiantes?

   _____

8. ¿Qué hace que Ismael sea tan bueno jugando fútbol?

   _____

9. Si estuvieras en el caso de Ismael, ¿para qué universidad o equipo profesional te gustaría jugar? ¿Por qué?

   _____

Lección 9

Escritura

Estrategia

Planear y escribir un análisis comparativo

Para escribir cualquier tipo de análisis comparativo, es necesario planearlo cuidadosamente. Los diagramas Venn son útiles para organizar visualmente tus ideas antes de comparar y contrastar personas, lugares, objetos, eventos o temas. Para crear un diagrama Venn, dibuja dos círculos que se sobrepongan parcialmente y escribe un título en la parte superior de cada círculo. Enumera las diferencias entre los dos elementos en los anillos exteriores de los dos círculos; luego enumera sus similitudes en el área donde se sobreponen los dos círculos. Observa este ejemplo.

Diferencias y similitudes

El aniversario de los Sres. González

Diferencias:

1. No hay una ceremonia formal.

2. La celebración tiene lugar por la noche.

Similitudes:

1. La familia invita a muchos familiares y amigos para celebrar.

2. Hay una comida especial para los invitados.

La ceremonia de graduación de Ernestina Robles Salavert

Diferencias:

1. Hay una ceremonia formal.

2. La ceremonia se celebra durante el día.

La lista de palabras y expresiones en la página siguiente puede ayudarte a escribir este tipo de ensayo.

TEMA: Escribir una composición

Antes de escribir

1 Vas a comparar dos celebraciones familiares a las que tú asististe recientemente. Puedes escoger entre una fiesta de cumpleaños, un aniversario, una graduación, una boda, una quinceañera u otro tipo de celebración familiar.

2 Completa un diagrama Venn con las diferencias y similitudes de las dos celebraciones. Trata de incluir por lo menos tres ideas para cada sección del diagrama.

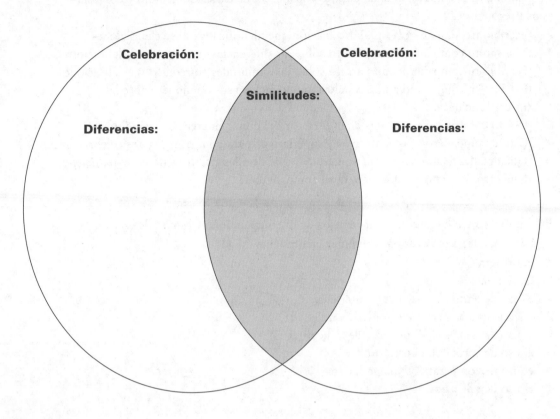

Escribir

1 Usa el diagrama Venn que completaste para ayudarte a escribir una composición en la que comparas las dos celebraciones.

2 Tu composición debe incluir cuatro párrafos cortos:

▶ un párrafo que sirva de introducción y que identifique las dos celebraciones
▶ uno que describa las diferencias entre las dos celebraciones
▶ uno que describa las similitudes entre las dos celebraciones
▶ uno que sirva de conclusión y que incluya tus opiniones sobre las dos celebraciones

3 Usa palabras y expresiones de esta lista para expresar las diferencias y las similitudes.

Para expresar diferencias	Para expresar similitudes
a diferencia de no obstante	además; también del mismo modo
a pesar de por otro lado	al igual que tan + [adjetivo] + como
aunque por el contrario	como tanto/a(s) + [sustantivo] + como
en cambio sin embargo	de la misma manera
más/menos que	

Lección 9

Después de escribir

1 Intercambia tu borrador con el de un(a) compañero/a de clase. Coméntalo y contesta estas preguntas.

- ▶ ¿Escribió tu compañero/a una introducción que identifica las dos celebraciones?
- ▶ ¿Escribió tu compañero/a un párrafo sobre las diferencias entre las dos celebraciones?
- ▶ ¿Escribió tu compañero/a un párrafo sobre las similitudes entre las dos celebraciones?
- ▶ ¿Escribió tu compañero/a una conclusión que incluye sus opiniones sobre las dos celebraciones?
- ▶ ¿Usó tu compañero/a palabras de la lista para expresar diferencias y similitudes?
- ▶ ¿Usó tu compañero/a comparativos y superlativos para comparar las dos celebraciones?
- ▶ ¿Qué detalles añadirías (*would you add*)? ¿Qué detalles quitarías (*would you delete*)?
- ▶ ¿Qué otros comentarios tienes para tu compañero/a?

2 Revisa tu narración según los comentarios de tu compañero/a. Después de escribir la versión final, léela otra vez para eliminar errores en:

- ▶ la ortografía
- ▶ la puntuación
- ▶ el uso de letras mayúsculas y minúsculas
- ▶ la concordancia entre sustantivos y adjetivos
- ▶ el uso de verbos en el presente de indicativo
- ▶ el uso de verbos en el pretérito
- ▶ el uso de comparativos y superlativos
- ▶ el uso de **ser** y **estar**